Drunvalo Melchizedek (links) und Daniel Mitel im Januar 2012

Drunvalo Melchizedek & Daniel Mitel

Lebe im Licht deines HERZENS

Meditative Zugänge in den heiligen Raum

Aus dem Amerikanischen von
Miriam Mabée

Brandheiße Infos finden Sie regelmäßig auf:
www.facebook.com/AMRAVerlag

Besuchen Sie uns im Internet:
www.AmraVerlag.de

Amerikanische Originalausgabe:
Journeys Into The Heart

2018 erstmals Deutsch im AMRA Verlag
Auf der Reitbahn 8, D-63452 Hanau
Telefon: + 49 (0) 61 81 – 18 93 92
Kontakt: Info@AmraVerlag.de

Herausgeber & Lektor	Michael Nagula
Fachredaktion	Iris Owji
Einbandgestaltung	Guter Punkt
Satz & Layout	Birgit Letsch
Druck	CPI books GmbH

ISBN Printausgabe 978-3-95447-343-4
ISBN eBook 978-3-95447-344-1

Original language edition published by
Balboa Press, a Division of Hay House, California.
German editions released by Arrangement with the Authors.

Copyright © 2017/2018 by Drunvalo Melchizedek & Daniel Mitel

Alle Rechte der Verbreitung vorbehalten, auch durch Funk,
Fernsehen und sonstige Kommunikationsmittel, fotomechanische
oder vertonte Wiedergabe sowie des auszugsweisen Nachdrucks.
Im Text enthaltene externe Links konnten vom Verlag nur
bis zum Zeitpunkt der Buchveröffentlichung eingesehen werden.
Auf spätere Veränderungen hat der Verlag keinerlei Einfluss.
Eine Haftung des Verlags ist daher ausgeschlossen.

Vorwort 7

Drunvalo Melchizedek 9

1 Der Einheitsatem – eine Meditation 11
Der Einheitsatem 14 • Die Bewegung innerhalb des eigenen Körpers 20

2 Eintritt in die Heilige Kammer des Herzens 23
Die Kogi-Methode 23 • Der Torus des Herzens 24 • Die Vorgehensweise von Jesus 25 • Der rein weibliche Weg der Intuition 26 • Die Methode des unteren Herzchakras 26

3 Zwei Traumzustände 28
Zwei emotionale Körper 29 • Die Heilige Kammer des Herzens – zwei verschiedene Orte 29 • Metatrons Würfel 30

Daniel Mitel 33

4 Finden, was Körper und Seele behagt 35
Die eigenen Gedanken beobachten 38 • Meine Jahre der Suche 41 • Beim Zuhören die Dualität überwinden 44 • Das innere Wissen 47 • Die Begegnung 50

5 Lady Ana – die große Inkarnation des Wissens und das intuitive Herz 55
Ein gedankenfreier Zustand 58 • Der ganzheitliche Ansatz 59 • Wiederanbindung an die Ursprungenergie 62 • Der Umkehrungsprozess 64 • Der intuitive Zugang zum Herzen 67

6 Die indischen Heiligen und die Reinigung des Herzens 70
Zugang zum Herzen durch Prana 73

7 Die Mystiker auf dem Heiligen Berg Athos, die Heilige Teresa von Ávila und das Herzensgebet 78
Die Liebe zur Schönheit 80 • Die neun Tugenden und die acht vorherrschenden Leidenschaften 84 • Die Methode von Simeon dem Neuen Theologen 86 • Die Methoden des

Mönchs Nikephoros 89 • Die neun Stufen des Betens der
Heiligen Teresa von Ávila 93

8	**Die Meister der Herzmetaphorik**	99
	Zugang zum Herzen durch Herzmetaphorik 100	
9	**Die heilige Flamme der Liebe**	103
	Die Mystiker und der Tanz des Herzens 104	
10	**Das Chakra der bedingungslosen Liebe**	110
	Natürlicher Zugang durch das Herzchakra 113	
11	**Die Weisheit der Ureinwohner**	115
	Zugang zum Herzen durch die Erdmethode 118	
12	**Die Yogis des Himalaya**	121
	Das heilige Wasser von Dhulikhel 124 • Zugang zum Herzen durch das Dritte Auge 125	
13	**Das Paradox**	129
	Zugang zum Herzen durch Achtsamkeit und Intention 131	
14	**Der innere Kampf**	135
	Zugang zum Herzen durch Nichtstun 138	
15	**Träumen innerhalb eines Traums**	140
	Zugang zum Herzen durch Träumen 142	
16	**Die Melchizedeks**	144
17	**Das HeartMath®Institute und die Erweiterung des globalen Herzens**	147
	Die Kraft des Herzens 150 • Die herzzentrierte Atemtechnik Heart-Focused Breathing™ entwickelt vom HeartMath®Institute 158	

Liste der Meditationen	159
Über die Autoren	209
Register	216

Vorwort

Niemals in der Geschichte der Menschheit war es wichtiger als heute, sich auf die Reise ins Herz einzulassen und es zu verstehen. Die Umstellung vom Herzen auf das Gehirn, die vor Tausenden von Jahren stattfand, ist uns sehr teuer zu stehen gekommen. Zu lernen, sich wieder auf das Herz zu konzentrieren, ist nicht nur eine spirituelle Angelegenheit, sondern unter den gegebenen Umständen vielleicht sogar entscheidend, wenn wir unser Leben auf diesem Planeten fortsetzen wollen.

Obwohl vor langer Zeit das Leben aus dem Herzen unser natürlicher Daseinszustand war, ging diese Lebensweise durch die mit dem Ego verbundenen Unwägbarkeiten verloren. Wir haben vergessen, wie es ist, frei zu sein – zu fliegen. Von den Sumerern bis zu den Tibetern, von den indischen Heiligen bis zu den Heiligen Vätern und Müttern Ägyptens hat es Generationen von Menschen gegeben, die ihr Leben der Praktizierung uralter Methoden widmeten, aus dem eigenen Herzen heraus zu leben.

Du, liebe Leserin und lieber Leser, magst nun annehmen, es sei dazu erforderlich, in den Himalaya oder nach Tibet zu ziehen, weil sich nur dort diese uralten Methoden praktizieren ließen. Du glaubst vielleicht, das Leben in den geschäftigen Städten dieser

Welt halte uns davon ab, diese Übungen durchzuführen, oder es sei ein Lehrmeister nötig, der uns den Zugang zum Herzen öffnet. Doch der Lehrmeister, der dazu befugt ist, diesen Zugang zu schaffen, ist der Geist hinter den Augen, die gerade diese Sätze lesen. Du selbst bist es. Du selbst hast die Macht und die Fähigkeit, diesen Zugang in dir zu öffnen.

Lies das vorliegende Buch und lass dich darauf ein, die darin aufgezeigten Methoden voller Entdeckerfreude anzuwenden und zu üben. Entscheide selbst, welche Methoden für dich am besten geeignet sind.

Und dann heißt es: üben, üben und nochmals üben und sich daran zu erinnern, wer du in Wirklichkeit bist.

Dieses Buch verrät dir auch, welche Erfahrungen *wir* beim Zugang zu unserem Herzen mit dem Herzensgebet und dem Leben aus dem Herzen heraus gemacht haben. Das kann dir für deine eigene spirituelle Reise sehr hilfreich sein.

Und denke immer daran, dass für jeden von uns gilt: Du und ich, wir sind eins, denn wir kommen aus derselben Quelle. Ich bin du und du bist ich.

Drunvalo Melchizedek
Daniel Mitel

Drunvalo Melchizedek

*»Wenn du im Herzen bist,
muss nichts getan werden,
um Veränderung herbeizuführen …
Es wird unwillkürlich
geschehen und voller Anmut.«*

Drunvalo

1

Der Einheitsatem – eine Meditation

Eines, das mich die indigenen Völker dieser Welt gelehrt haben, ist Folgendes: Vor jeder wichtigen Zeremonie muss man sich voller Liebe mit Mutter Erde verbinden, danach mit Vater Himmel und zuletzt, durch diese Erfahrung, mit dem Großen Geist oder Gott. Genauso muss es sein, wenn man Zugang zur Heiligen Kammer des Herzens sucht, sonst findet man diesen Raum nicht.

Anfänglich hatte ich das, was ich gleich erzählen werde, 1981 von Jimmy Reyna, einem meiner Mentoren in Taos Pueblo, in sehr schlichter, ursprünglicher Form gelernt. Aber an dieser Stelle kommt einer der großen spirituellen Lehrer der Traditionen des Kriya Yogas ins Spiel, der sich sehr elegant auszudrücken versteht.

Diese Begegnung fand etwa 1994 auf Jekyll Island in Georgia statt, ich bereitete mich gerade auf meinen Auftritt bei einer Veranstaltung mit dem Titel »Das Sonnenherz« vor. Meh-

Sri Yukteswar Giri (1855-1936)

rere spirituelle Lehrer lösten einander auf der Bühne dabei ab, das Publikum anzuleiten, eine wachsende Einheit mit dem Spirituellen, mit dem Geist, herzustellen, und ich war als Nächster an der Reihe. Ich saß hinter der Bühne in einem kleinen Raum vor einem Meditationsaltar, auf den jemand eine einzelne brennende Kerze und mehrere Fotos der spirituellen Vereinigung *Self-Realization Fellowship* gestellt hatte. Sie zeigten Krishna, Jesus, Babaji, Lahiri Maharshi, Sri Yukteswar Giri und Yogananda. Ich wusste, dass mich jemand vor meinem Auftritt abholen würde, und mir war auch schon klar, über was ich reden würde, also gab es nichts mehr zu tun, als mich auf mein Inneres zu konzentrieren. Für mich ist die beste Möglichkeit dazu die Meditation.

Paramahansa Yogananda (1893-1952)

Ich bezeugte also den großen Lehrern meine Verehrung und schloss die Augen, um zu meditieren. Langsam verblasste die Welt ringsum und verschwand, und als die Energie zunahm, hatte ich eine Vision. Dieser einzigartige Moment veränderte den Verlauf des Abends und meinen Vortrag vor dem Publikum – und später den Verlauf von fast allem in meiner spirituellen Welt.

Gleich darauf erschien mir nämlich Sri Yukteswar mit ehrwürdiger Miene. Obwohl ich stets eine enge Verbindung mit Yogananda, Sri Yukteswars Schüler, gespürt hatte, hatte ich über Sri Yukteswar selbst nie genauer nachgedacht. Doch da war er nun und kam geradewegs auf den Punkt, wie ich es jetzt auch tun möchte.

Der Einheitsatem

Sri Yukteswar teilte mir mit, in Indien würde niemand auch nur daran denken, sich dem Göttlichen zu nähern, bevor er oder sie seine Gedanken und sein Herz nicht in einen bestimmten Zustand versetzt hätte. Er gab mir sehr präzise Anweisungen dafür, wie man sich bewusst mit dem Göttlichen und schließlich mit Gott verbinden kann.

Der Ort, an dem man sich befindet, ist dabei nicht entscheidend, aber ich verwende einen Altar mit einer einzelnen brennenden Kerze, auf die ich mich geistig ausrichte. Ich spüre und ehre die Gegenwart meiner Lehrer, und wir beginnen alle gemeinsam zu atmen, als Einheit.

Im Folgenden gebe ich wieder, was Sri Yukteswar mir sagte:

> *»Lass deine Aufmerksamkeit zu einem Ort auf der Erde schweifen, der für dich der schönste Platz auf der ganzen Welt ist. Das kann überall sein – eine Szenerie in den Bergen mit Bäumen, Seen und Flüssen oder auch eine trockene Sandwüste, in der kaum etwas lebt. Es muss nur etwas sein, das du als schön empfindest. Stelle dir so viele Details wie möglich vor. Wenn du zum Beispiel einen Schauplatz im Gebirge siehst, sieh die einzelnen Berge und die weißen, sich bauschenden Wolken vor dir. Sieh den Wald und spüre, wie sich die Bäume im Wind bewegen. Sieh die Tiere – das Rotwild und die Elche, die kleinen Hasen und Eichhörnchen. Blicke nach unten auf das klare Wasser der Flüsse. Beginne Liebe zu diesem Ort und zu der ganzen Natur zu empfinden, die immer stärker wird. Wachse immer weiter in diesen Raum der Liebe*

hinein, bis dein Herz im Einklang mit der Wärme deiner Liebe zur Natur schlägt. Wenn du den richtigen Zeitpunkt für gekommen hältst, sende deine Liebe mithilfe deiner Absicht zum Mittelpunkt der Erde, damit Mutter Erde die Liebe, die du für sie empfindest, unmittelbar spüren kann. Du kannst deine Liebe auch in eine kleine Kugel packen, um sie zu bewahren, und sie dann, wenn du das möchtest, in dieser Form an deine Mutter schicken, aber was dabei zählt ist deine bewusste Absicht. Und dann warte ab, wie ein Kind. Warte darauf, dass Mutter Erde dir ihrerseits ihre Liebe sendet und du sie spüren kannst. Du bist ihr Kind, und sie liebt dich.

Während dein Körper die Liebe deiner Mutter empfängt, öffne dich ihr völlig und lass zu, dass diese Liebe sich überall in deinem Körper hinbewegt. Lass zu, dass sie in all deine Zellen eintritt. Lass sie deinen Lichtkörper durchdringen. Lass zu, dass sie sich überall hinbewegt, ganz wie sie möchte. Spüre diese wundervolle Liebe, mit der deine Mutter dich umgibt, und verweile in dieser Einheit mit Mutter Erde, bis es sich vollständig anfühlt.

Im geeigneten Moment, den nur du kennen kannst, wende den Blick deinem Vater zu, deinem Himmlischen Vater, ohne dich aus der liebevollen Einheit mit deiner Mutter zu lösen. Sieh dir die übrige Schöpfung an, außerhalb der Erde. Richte deine Aufmerksamkeit auf einen nächtlichen Himmel. Betrachte die Milchstraße, wie sie sich am Himmel dahinwindet. Beobachte, wie die Planeten und der Mond um dich und die Erde kreisen. Spüre die hinter der Erde verborgene Sonne. Erkenne die unfassbare Tiefe des Raums.

Spüre, welche Liebe du für den Vater empfindest, denn abgesehen von der Göttlichen Mutter ist der

Göttliche Vater der Spirit der ganzen Schöpfung, der alles erschaffen hat. Und wenn diese Liebe so stark wird, dass sie einfach nicht länger in deinem Inneren bleiben kann, lass sie kraft deiner Absicht in den Himmel steigen. Wieder kannst du dir eine kleine Kugel vorstellen und deine Liebe auf diese Weise in den Himmel schicken.«

Sri Yukteswar schlägt vor, deine Liebe in eine kleine Kugel zu packen und durch deine Absicht in den Himmel zu senden. Er schlägt vor, sie ins Gitternetz des Einheitsbewusstseins rund um die Erde zu schicken. Wenn du nicht weißt, was es mit diesem Netz auf sich hat, macht das nichts. Tu einfach das, was die meisten indigenen Völker der Erde tun: Schicke deine Liebe der Sonne. Genau wie die Gitternetze ist die Sonne mit allen anderen Sonnen oder Sternen verbunden und letztlich mit allem, was lebt – wo auch immer.

Manche Menschen, etwa die Hopi im Südwesten der Vereinigten Staaten, schicken ihre Liebe der *Großen Zentralsonne*. Das ist ein weiteres Konzept, mit dem nicht jeder vertraut ist, aber es hat die gleiche Gültigkeit. Suche dir eines davon aus – welches, spielt keine Rolle. Es geht nur darum, dass deine Liebe alles Leben im Kosmos erreicht.

Sri Yukteswar fuhr fort:

»Sobald deine Liebe in den Himmel zum Göttlichen Vater geschickt worden ist, wartest du erneut ab. Du wartest darauf, dass der Vater dir seinerseits seine Liebe schickt. Und das wird er natürlich stets tun. Du bist bis in alle Ewigkeit sein Kind, und der Göttliche Vater wird dich immer unendlich lieben. Und wenn du spürst, wie die Liebe des Göttlichen Vaters in dein Wesen eintritt, lass sie sich – genau wie bei der Liebe der Mutter – überall hin-

bewegen, wohin sie will. Es ist die Liebe deines Vaters, und sie ist rein.

In diesem Moment manifestiert sich etwas, das selten geschieht: Die Heilige Dreifaltigkeit erwacht auf der Erde zum Leben. Du bist nun in tiefer Liebe verbunden mit Mutter Erde und Vater Kosmos, und auch die heilige Mutter ist in unendlicher Liebe mit dem heiligen Vater verbunden. So entsteht das Dreieck der Heiligen Dreifaltigkeit.«

Nach Sri Yukteswars Worten kann man Gott nur in diesem besonderen Bewusstseinszustand unmittelbar erfahren. Und so besteht der letzte Schritt dieser Meditation darin, die Gegenwart Gottes wahrzunehmen – überall um dich herum und in deinem Inneren.

Für diesen Teil der Meditation hatte Sri Yukteswar mir ursprünglich eine sehr komplexe Methode gezeigt, die Gegenwart Gottes wahrzunehmen. Doch nachdem ich mit vielen Ältesten unterschiedlicher Stämme auf der ganzen Welt gesprochen habe, meine ich, dass dieser abschließende Bewusstseinszustand auch wesentlich einfacher zu erreichen ist.

Es geht eigentlich ganz leicht:

Sobald du Teil der Heiligen Dreifaltigkeit geworden bist, kannst du diese Erfahrung machen, indem du einfach dein Herz für die Gegenwart Gottes öffnest. Aus irgendeinem Grund, den nur Gott kennt, ist Gottes Gegenwart im Zustand der Heiligen Dreifaltigkeit sehr leicht wahrzunehmen.

Sri Yukteswar sagte mir auch, wie diese Meditation genannt wird: *Einheitsatem*. Gott ist stets überall, aber die Menschen nehmen ihn nicht immer wahr. Der *Einheitsatem* führt dich unmittelbar und bewusst zur Wahrnehmung Gottes.

Für manche Menschen braucht es allein diesen Bewusstseinszustand, um alle Zyklen, die das Leben erschuf, zu vervollständigen, oder anders gesagt: Sie ist der Eingang zu allen heiligen Zeremonien des Lebens, sei es unsere Geburt in diese Welt, die heilige Ehe oder auch der Tod. Den amerikanischen Ureinwohnern zufolge ist selbst bei den Zeremonien der Anpflanzung und Einbringung der Ernte diese besondere Verbindung mit dem *Großen Geist* erforderlich, damit die Pflanzen wachsen und gesund gedeihen.

Demnach besteht unsere natürliche Aufgabe darin, gemeinsam mit Gott oder dem Großen Geist etwas zu erschaffen – also die Zyklen der Natur zu unterstützen und zu fördern, um auf diese Weise zum Gleichgewicht des Lebens beizutragen. Nach der Bibel sind wir Menschen Hüter des Gartens (oder der Natur), so wie es in der Geschichte von Adam und Eva beschrieben wird. Und wir sind es wohl auch heute noch, nur haben wir diese Lebensaufgabe vergessen. Ohne innere Verbindung zu Gott sind wir jedoch isolierte und verlorene Lebewesen. Die Meditationsübung Sri Yukteswars dient deshalb dazu, uns an Gott zu erinnern und ebenso an die Heilige Kammer unseres Herzens, zu der wir durch diese Meditation Zugang erlangen.

An diesem Punkt angekommen, äußerte sich Sri Yukteswar sehr bestimmt. Er sah mir geradewegs in die Augen und sagte: *»Drunvalo, ich möchte, dass du heute auf die Bühne trittst und das Publikum in der Meditation unterweist, die ich dich soeben gelehrt habe.«* Seinem Blick war anzumerken, dass es ihm mit dieser Aufforderung sehr ernst war, und so hielt ich es für angeraten, sie zu befolgen. Gleich darauf verabschiedete er sich mit einer Verbeugung und verschwand.

Ich weiß noch, dass ich ein Klopfen an der Tür hörte – das Zeichen, dass ich gleich an der Reihe sein würde –, und verwirrt aufstand. Mir war nicht klar, was ich tun sollte. Ich hatte mir ja zurechtgelegt, was ich tun und sagen würde, doch diese Vision warf alles über den Haufen. Ich teilte dem Bühnenhelfer mit, ich wäre gleich so weit, schloss die Tür und rief schnell die Engel zu mir. Sie rieten mir, das zu tun, was Sri Yukteswar verlangt hatte, ich würde es mit der Zeit schon verstehen. Also tat ich es und verstand es auch irgendwann. Sobald ich vor dem Publikum stand, erzählte ich, was gerade geschehen war, und kündigte an, wir würden gleich in einen meditativen Zustand eintreten, den Sri Yukteswar uns allen nachdrücklich empfohlen hatte.

Ich führte das Publikum durch die einzelnen Schritte der Meditation, während ich meinen eigenen Worten folgte. Gleich darauf trat Stille ein und uns erfasste ein Glücksgefühl. Lange Zeit später holte mich ein junger Mann aus der Meditation heraus, indem er an meinem Ärmel zupfte und mir mitteilte, dass wir in zehn Minuten so weit sein sollten, zum Mittagessen zu gehen. Alle im Saal außer denjenigen, die über die Gruppe wachten, waren so sehr in die Meditation vertieft, dass sie sich nicht daraus lösen konnten oder wollten. Nach mehreren Versuchen, alle zurückzuholen, gab es immer noch ungefähr dreißig Teilnehmerinnen und Teilnehmer, die einfach nicht zurückkehren wollten.

Jedem Einzelnen schickten wir jemanden, der ihn aus der Meditation holen sollte, und schließlich gelang es uns auch bei allen – bis auf einen jungen Mann, den wir unserem Eindruck nach in ein Krankenhaus bringen mussten. Doch etwa zwanzig Minuten später, als alle anderen bereits zu Mittag aßen, schlug er ebenfalls endlich die Augen auf. Mein einziger Gedanke war: *Was ist da passiert?* Mein Erlebnis hielt selbst nach der Meditation an. Immer noch spürte ich die Liebe meiner Mutter und meines Vaters und die allgegenwärtige Anwesenheit Gottes, und das war eine wundervolle Erfahrung.

Im Laufe der Jahre habe ich gelernt, sorgfältig mit dieser Meditation namens *Einheitsatem* umzugehen. Sobald man in diesen Bewusstseinszustand eintritt, möchte man ihn nicht vorzeitig wieder verlassen, weil man sich dabei so gut fühlt. Wenn du also diese Meditation durchführst, lass dir sehr viel Zeit dabei. Schalte das Telefon aus und tu alles Nötige, um für unbegrenzte Zeit nicht gestört zu werden, Das Erlebnis soll sich entfalten wie eine Sommerblume. Nun, da du die Meditation kennst, tritt zunächst in diesen Bewusstseinszustand ein, bevor du den Zugang zur Heiligen Kammer des Herzens suchst. Sonst wirst du ihn nämlich nicht finden, so sehr du dich vielleicht auch bemühst. Die Kammer wird dir dann verborgen bleiben, und du wirst keinen Hinweis auf sie finden.

Ist erst einmal die Bewusstseinsebene erreicht, die man durch den *Einheitsatem* erlangt, wirst du vielleicht feststellen, dass es dir von Mal zu Mal leichter fällt, bis es schließlich jedes Mal gelingt. Das ist all meinen Mentoren zufolge, die diese Meditation kennen, das Ideal. Ich glaube, dass der *Einheitsatem* Schwingungen im Inneren hervorruft, die es ermöglichen, den Heiligen Gral, die Heilige Kammer des Herzens, zu finden – den Ort, an dem Gott ursprünglich alles, was existiert, erschaffen hat. So einfach ist das: Das, nach dem du stets gesucht hast, liegt genau im Inneren deines eigenen Herzens.

Die Bewegung innerhalb des eigenen Körpers

Vom männlichen Standpunkt aus betrachtet, verbindet man mit dem Eintritt in die Heilige Kammer des Herzens Bewegung. Ohne Bewegung stellt sich das Gehirn nur vor, dass man sich in der Heiligen Kammer des Herzens befindet, und das trifft nicht zu.

Um hier etwas klarzustellen: Vom weiblichen Standpunkt aus betrachtet, ist es möglich, die bildlichen Vorstellungen einfach

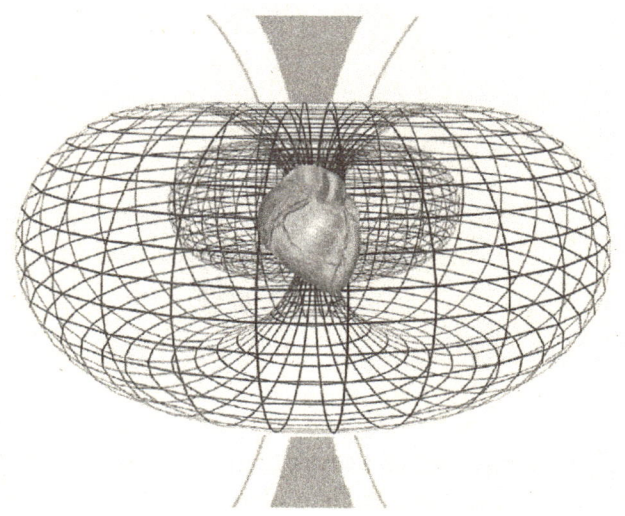

auszutauschen. Falls du jemals Gelegenheit hast, an einem Workshop meiner Frau, Claudette Melchizedek, teilzunehmen, wirst du feststellen, dass sie eine weibliche Herangehensweise verwendet, die mehr als sechstausend Jahre alt ist. Ihre Arbeit erweitert das, was in diesem Buch gelehrt wird. Es ist wünschenswert, sowohl die männliche als auch die weibliche Herangehensweise kennenzulernen.

Ich will erklären, weshalb es eine Bewegung geben muss: Entweder man befindet sich im Gehirn oder aber im Herzen. Entweder das Eine oder das Andere. Deshalb muss man sein Gehirn verlassen, um sich ins Herz zu bewegen.

Allerdings liegt die Vorstellung, sich innerhalb des eigenen Körpers zu bewegen, jenseits des Selbstverständnisses der meisten Menschen. Die meisten verwechseln ihr Selbst mit ihrem Körper und begreifen nicht, dass und wie sie sich innerhalb dieses Körpers bewegen können.

Der Geist des Menschen kann entweder unendlich oder endlich sein. Ist er unendlich, dann ist er so unendlich wie das Universum, das bekanntlich keinen Mittelpunkt hat. Aber dieser Geist kann auch endlich oder begrenzt sein. Als endliches Wesen verfügst du über einen Ort, der den Mittelpunkt deines Seins bildet, und dieser Ort kann innerhalb oder außerhalb der körperlichen Gestalt liegen. Bei den meisten Menschen liegt er derzeit in der Zirbeldrüse des Gehirns oder im Zirbeldrüsenchakra. Doch bei manchen kann dieses Zentrum auch woanders liegen, zum Beispiel in ihrem Herzchakra, und bei einigen wenigen sogar außerhalb des Körpers. Fast immer jedoch liegt es innerhalb ihrer MER-KA-BA, ihres Licht-Energie-Feldes, das einen Durchmesser von sechzehn bis achtzehn Metern hat.

Es gibt Übungen, die dir zeigen, wie du deinen Geist bewegen kannst. Wenn du sie noch nie praktiziert hast, mögen sie dir anfangs ein wenig seltsam vorkommen, aber du wirst sie begreifen lernen.[1]

---

[1] Diese Übungen finden sich detailliert in Kapitel sechs von Drunvalo Melchizedeks Buch *Aus dem Herzen leben*, Koha Verlag, Burgrain 2004, das auch eine Meditations-CD enthält. – *Der Verlag*

2

Eintritt in die Heilige Kammer des Herzens

Die Kogi-Methode

Die Kogi, ein Stamm von Ureinwohnern, der hoch in den Bergen Kolumbiens lebt, hat mir eine Methode des Zugangs in die Heilige Kammer des Herzens gezeigt: Sie begeben sich in einen völlig dunklen Raum und »tanzen« dort, das heißt, sie bewegen sich langsam und scheinbar ziellos in unterschiedlichste Richtungen. Sie führen diesen Tanz neun Tage und neun Nächte lang durch, ohne Nahrung und Wasser zu sich zu nehmen. Den Worten der Kogi nach befinden sie sich am Ende des Tanzes in der Heiligen Kammer des Herzens.

Allerdings besteht bei dieser Methode das Problem darin, dass wir als ständig beschäftigte moderne Menschen nicht robust genug sind, so etwas neun Tage und Nächte lang durchzuhalten, es ist einfach zu anstrengend.

Der Torus des Herzens

Also musste ich einen anderen Weg finden, und glücklicherweise wusste ich, dass das Herz ein riesiges Magnetfeld in Form eines Torus erschafft, eines Röhrenrings mit einem Loch in der Mitte, ähnlich einem Donut; dieser Torus des Herzens hat einen Durchmesser von ungefähr 2,40 Meter bis drei Meter (siehe die Abbildung *Torus des Herzens*). Man nimmt an, dass dieses Feld von der Heiligen Kammer des Herzens erzeugt wird. Wenn das zutrifft, so überlegte ich, musste es auch möglich sein, dieses Feld zu seiner Quelle, der Heiligen Kammer des Herzens, zurückzuverfolgen. Es funktionierte, und das war die erste Methode, die ich anwandte. Frauen haben allerdings manchmal Probleme mit dieser Methode: Sie ist allzu logisch.[2]

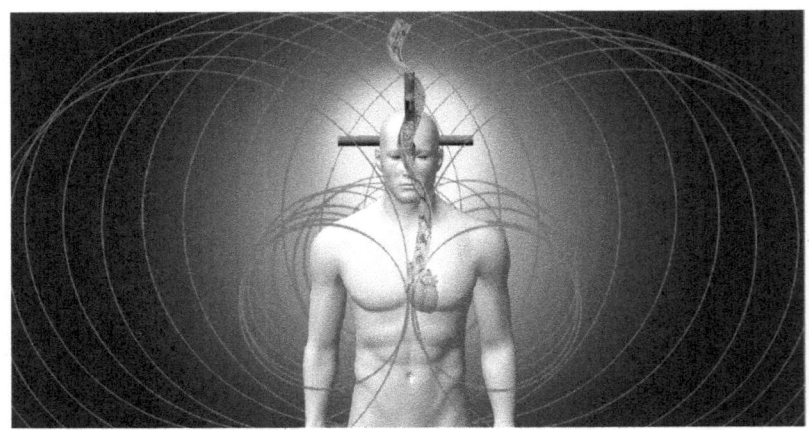

Torus des Herzens

---

[2] Diese Meditation wird in Drunvalos Buch *Aus dem Herzen leben*, Kapitel sechs, Seite 122, als der männliche Weg ins Herz beschrieben. – *Der Verlag*

Die Vorgehensweise von Jesus

Diesen Zugang zum Herzen hat Jesus der Welt geschenkt. Er ist durch die gnostischen Traditionen überliefert. Allerdings versuchten die Gnostiker diese Methode vor der Öffentlichkeit zu verbergen, indem sie behaupteten, die Heilige Kammer des Herzens befände sich nicht innerhalb des physischen Herzens, sondern dahinter. Das stimmt aber nicht. Nur der Zugang dazu, von dem Jesus gesprochen hat, befindet sich hinter dem Herzen.

Diese Methode funktioniert folgendermaßen:

> Wenn du dich vom Gehirn zum Herzen bewegst, begibst du dich zunächst hinter das Herz. Dann drehst du dich um, in die Richtung, die du normalerweise in deinem Körper einnimmst. Jetzt blickst du von hinten auf dein Herz. Dabei wirst du etwas erkennen, das wie eine Spalte oder eine Faltung im Herzen aussieht. In der Mitte der Spalte befindet sich ein kleiner rotierender Strudel, der entweder als dunkler oder als heller Fleck auftaucht. Bewege dich auf diesen Strudel zu, und wenn du ganz nahe bist, wird der Strudel dich – ähnlich wie ein Staubsauger – in sich hineinziehen, und du wirst merken, dass du dich in einer Röhre nach unten bewegst. Bewege dich weiter, bis du feststellst, dass du zum Halten kommst. In diesem Moment befindest du dich in der Heiligen Kammer des Herzens.

Oft bezeichnet man sie auch als den stillsten Ort im Universum.

Der rein weibliche Weg der Intuition

Diese Methode ist äußerst einfach, jedenfalls für Frauen. Männern fällt sie etwas schwerer, gerade weil sie so einfach ist. Du bewegst dich lediglich vom Gehirn zum physischen Herzen und trittst dann von jeder beliebigen Stelle aus in dein Herz ein. Dann setzt du die Intention, dass du dich in Bewegung bringst, und sobald du anhältst, bist du in der Heiligen Kammer des Herzens. Wenn du deinen weiblichen Anteil nutzen kannst, ist das überhaupt nicht schwer.

Die Methode des unteren Herzchakras[3]

Mir ist zwar bekannt, dass diese Methode einen unmittelbaren Zugang zum Herzen ermöglicht, aber man hat mir nicht erlaubt, sie anzuwenden. Der Grund ist mir immer noch nicht recht klar. Jedenfalls hat er mit den vielfältigen Möglichkeiten zu tun, an welchen Orten man dabei landen kann, und ich werde sie derzeit nicht nutzen, bis ich mehr darüber weiß.

---

[3] Nach Drunvalo haben wir zwei Herzchakren, ein unteres und ein oberes. Das obere ist der Sitz der persönlichen Liebe, das untere beherbergt die bedingungslose göttliche Liebe Agape. Drunvalo lehrt auch, dass wir dreizehn und nicht nur sieben Chakren haben. Das Herzchakra nach dem Siebenersystem entspricht dem oberen Herzchakra im Dreizehnersystem. – *Der Verlag*

Es gibt noch weitere Vorgehensweisen, aber diejenigen, über die wir jetzt verfügen, reichen aus und funktionieren tatsächlich. Es gibt auch eindeutig weibliche Methoden, die mit bildlichen Vorstellungen zu tun haben, und manche davon sind wirklich uralt.

Wenn du erst einmal – egal, auf welche Weise – den Weg in die Heilige Kammer des Herzens gefunden hast, bereitet es keine Mühe mehr, dorthin zurückzukehren, wann immer du es wünschst. Nimm dir einfach fest vor, dorthin zu gelangen, spüre die Schwingungen – und schon befindest du dich am heiligsten Ort im ganzen Universum.

3
Zwei Traumzustände

Wie fast jeder weiß, kann das Gehirn nachts träumen, während der Körper schläft. Doch es kann auch sein, dass das Herz träumt, sogar dann, wenn der Körper wach ist. Es gibt also zwei völlig verschiedene Möglichkeiten oder Arten von Träumen, die innerhalb des menschlichen Bewusstseins vorkommen können.

Während man schläft, träumt das Gehirn, aber diese Träume sind polarisiert. Und das bedeutet, dass es gute oder schlechte Träume sein können. Wir können glückliche Träume oder Albträume haben und natürlich auch neutrale Träume, denn auch Neutralität gehört zur Polarisierung.

Wenn wir uns in der Heiligen Kammer des Herzens befinden, hat auch das Herz Träume, doch sie sind nicht polarisiert. Das Herz besitzt das Bewusstsein von Einheit und erfährt keine Polarisierung. Es erzeugt nur gute Träume – welche das auch sein mögen. Wenn du annimmst, dich in der Heiligen Kammer deines Herzens zu befinden und negative Träume hast, bist du nicht dort, sondern in deinem Gehirn und stellst dir nur vor, dich in der Heiligen Kammer des Herzens zu befinden. Doch das ist ein Irrtum. Du träumst immer noch einen polarisierten Traum, der vom Gehirn ausgeht. Die Heilige Kammer deines Herzens bringt niemals negative Träume hervor.

Es gibt noch viel mehr zu diesem Thema zu sagen, denn Träume, die aus der Heiligen Kammer des Herzens stammen, bedeuten weit mehr, als wir gewöhnlich annehmen.

Zwei emotionale Körper

Es gibt zwei emotionale Körper im menschlichen Bewusstsein. Derjenige, der den meisten von uns am besten vertraut ist, wird von der rechten Gehirnhälfte erzeugt und ist mit dem oberen Herzchakra verbunden. Da das Gehirn polarisiert ist, gilt das auch für dessen emotionalen Anteil. Wir erleben Liebe, aber auch Hass. Und jede positive Emotion geht mit einer negativen Emotion einher.

Die Heilige Kammer des Herzens – zwei verschiedene Orte

Das Institute of HeartMath® entdeckte als Erstes in der Welt, dass das Herz das größte vom menschlichen Körper ausgehende Energiefeld erzeugt – viel größer als alles, was das Gehirn erzeugt, mit Ausnahme der Mer-Ka-Ba. Dieses magnetische Feld des Herzens hat, wie bereits erwähnt, die Form eines Torus. Eigentlich sind es zwei Tori, wobei sich der eine Torus innerhalb des anderen befindet.⁴

Metatrons Würfel

Falls ihr im ersten Band meines Buches *Die Blume des Lebens* von »Metatrons Würfel« gelesen habt, wird euch bekannt sein, dass er eines der dreizehn Informationssysteme darstellt, die die Blaupause oder den Plan des Universums hervorbringen.

Euch wird auffallen, dass die fünf platonischen Körper, die die Einzelheiten des Universums erschaffen und von Metatrons Würfel ausgehen, bestimmte Ähnlichkeiten mit den beiden Tori des Herzens haben: Innerhalb des Würfels sieht man einen kleineren Würfel und innerhalb des Oktaeders ein kleineres Oktaeder. Dasselbe gilt für die drei anderen plato-

---

[4] Drunvalo spricht immer von zwei Herzkammern. Die eine nennt er Heilige Kammer des Herzens (Sacred Space of the Heart), die andere – viel wichtigere – Kleine Kammer des Herzens (Tiny Space of the Heart). Laut seinem Buch *Aus dem Herzen leben*, Kapitel sieben, Seite 131-133, wird dieser Raum in den *Upanischaden* als »winziger Raum im Herzen« bezeichnet. Die Heilige Kammer des Herzens bildet nur den äußeren, größeren Raum, von dem aus man sich durch Bewegung des Bewusstseins auf die Suche nach der Kleinen Kammer machen soll. Drunvalo zufolge begann in diesem winzigen Raum die Schöpfung, und dort wohnt auch der Schöpfer allen Lebens. Hier wurden alle Welten, alle Dimensionen, alle Universen, die gesamte Schöpfung geboren. So ist der Mensch durch sein Herz mit allen Herzen aller Lebensformen überall verbunden. Von diesem kleinen Raum im Herzen aus kann er selbst schöpferisch tätig werden. Im Deutschen klingt die Bezeichnung »Kleine Kammer« etwas unglücklich und nichtssagend. Vielleicht sollte man sie sich als das »Allerheiligste« vorstellen, nach dem Vorbild der alten ägyptischen Tempelanlagen. – *Der Verlag*

nischen Körper. Diese Besonderheit zieht sich durch das ganze Universum, bis hin zu den Verbindungen zwischen männlichen und weiblichen Wesen.

Das Größere enthält zwar das Kleinere, doch das Kleinere ist die Quelle der Schöpfung. Der weibliche Körper enthält den Uterus, und dieser ist unmittelbar mit der Kleinen Kammer des Herzens verbunden, der Quelle von allem, das existiert.

Dieses Prinzip, dass das Größere das Kleinere umschließt, herrscht auch bei der Heiligen Kammer des Herzens: Es gibt eine äußere Kammer – es ist diejenige, in die man stets zuerst eintritt – und innerhalb dieser äußeren Kammer eine sehr viel kleinere Kammer, die man meistens erst später findet. Diese

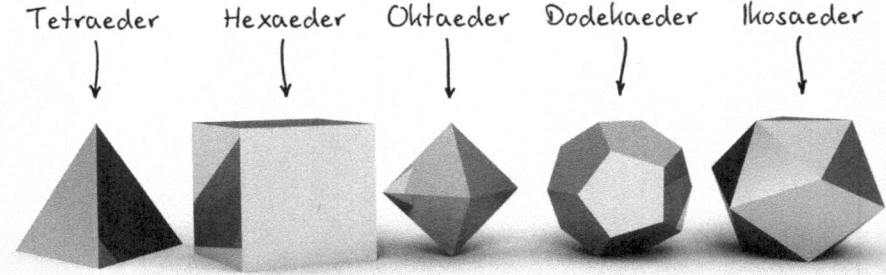

zweite Kammer ist normalerweise winzig. In den *Upanischaden*, der Sammlung philosophischer Schriften des Hinduismus, einem Bestandteil der Veden, wird sie stets als die Winzige Kammer im Herzen bezeichnet, und auch wir bezeichnen sie so.

Auf die bereits erwähnten Schwingungen der Heiligen Kammer des Herzens stößt man in der größeren äußeren Kammer. Sobald man in die Kleine Kammer eintritt, stellt man fest, dass sich die Frequenz der Schwingungen sofort erhöht und sie offenbar zu einer höheren Oktave ansteigen.

Man kann sich sogar zwischen der äußeren und inneren Kammer hin und her bewegen und dabei den Unterschied der Schwingungen hören und spüren.[5]

---

[5] Deshalb hat das HeartMath-Bild vom Herzen in dem Kapitel »Die Bewegung innerhalb des eigenen Körpers« auch zwei Tori. Der größere entspringt der Heiligen Kammer des Herzens, der kleinere der Kleineren Kammer oder dem Allerheiligsten, wie sie ebenfalls genannt wird. – *Der Verlag*

»*Es geht nicht darum, was du tust,
es geht um das Sein.
Es geht um einen Bewusstseinszustand
oder einen Zustand des Gewahrseins,
bei dem du in deinem Herzen ruhst
und alles sich zu verändern beginnt,
ohne dass du überhaupt irgendetwas tust.*«

Drunvalo

4

Finden, was Körper und Seele behagt

Die Geschichte, die ich euch gleich erzählen werde, ist so wichtig, dass ihr nach der Lektüre vielleicht unverzüglich den Sinn eures Lebens erfasst. Lest diese Geschichte sorgfältig und lasst zu, dass die Informationen euch so durchdringen, wie Wasser auf der Suche nach dem kleinen Samenkorn den Boden durchdringt.

Ich hatte viele Vorhersagen und Geschichten über 2015 gehört, doch nichts bereitete mich auf eine Begegnung vor, die Anfang Oktober dieses Jahres stattfand.

Das Jahr hatte für mich bereits einige interessante, spannende Tage und Monate bereitgehalten.

Ein interessanter, spannender Tag ist bei mir immer nur einer, an dem ich meditiere. Mein Tagesablauf besteht aus mindestens einer langen Meditation, meist am frühen Morgen, anschließend folgen kurze Gebete, Tai Chi, Qigong, tibetische Übungen und kontemplative Meditationen.

Mir gefallen auch körperlich herausfordernde Übungen, und ich führe sie bei jeder sich bietenden Gelegenheit durch, besonders Bauchmuskelübungen und Push-ups mit Hilfe der Hände. Diese Art von Übungen helfen mir sehr, die beiden von der Wirbelsäule und dem Brustkorb ausgehenden Meridiane sowie die zwölf von den Händen und Beinen ausgehenden Meridiane zu stärken und zu aktivieren. Natürlich führe ich auch einige Dehnungs- und Bewegungsübungen zur Stärkung der Muskeln und Knochen durch.

Inzwischen fällt es mir viel leichter als früher, meine Ernährung an die Zeiten für die Meditationen anzupassen. Wie ich bereits in früheren Büchern schrieb, haben mir die tibetischen Meister der Traumbilder viel über die Kraft der richtigen Ernährung beigebracht.

Wenn man die passenden Nahrungsmittel kombiniert und außerdem natürliches Quellwasser trinkt, bewahrt man die Energie in den Chakren und Meridianen, ist voller Tatkraft und empfindet positive Schwingungen.

Bei einer der faszinierenden Vorhersagen der Meister geht es um die Fähigkeit unseres Körpers, die Enzyme aus der Nahrung sowie die stärkeren Schwingungen und die Energie unserer Zellen zu absorbieren.

Vor mehr als zwanzig Jahren haben mir die Meister mitgeteilt, dass man die Zeitspanne von 2015 bis 2030 als die »Jahre der Flüssigkeiten« bezeichnet.

Diese Bezeichnung bezieht sich auf zwei sehr wichtige Veränderungen in unseren Körpern.

Die erste Veränderung hat mit dem Wasser zu tun, das wir trinken. Unsere Körper werden das chemisch behandelte Leitungswasser und das angebliche stille »Mineralwasser«, das die Supermärkte verkaufen, nach und nach nicht mehr vertragen. Falls wir keinen Zugang zu natürlichem Quellwasser aus dem Gebirge haben, müssen wir das Wasser, das wir trinken, selbst verbessern. In meinen Workshops, besonders in dem Seminar zur »Traumbilder des Herzens«, bringe ich den Teilnehmern dazu einige einfache Methoden bei.

Die zweite Veränderung bezieht sich auf die Lebensmittel, die wir konsumieren. Wir müssen dazu übergehen, immer weniger feste Nahrung und mehr und mehr natürliche Obst- und Gemüsesäfte zu uns zu nehmen.

Unser Magen und die Leber vertragen keine großen Mengen fester Nahrung mehr. Unsere Körperschwingungen haben sich verstärkt, und flüssige Nahrung ist inzwischen das Wichtigste, um ein gesundes Leben zu führen.

Aufgrund dieser Aussagen der Meister habe ich meine Ernährung inzwischen auf sehr einfache Kost umgestellt: am Morgen ein Smoothie, den ich nach meiner Meditation selbst zubereite, am Nachmittag ein Teller mit Gemüse und Oliven. Ich esse kaum noch Brot und habe es durch Gemüse, Samen und Nüsse, die viele Proteine enthalten, ersetzt, zum Beispiel sind das Avocados, Quinoas, grüne Erbsen, Kichererbsen, Bohnen, Chiasamen, Hohlzahnsamen, Makadamianüsse und Walnüsse.

Irgendwann Anfang 2015 habe ich mit der Umstellung meiner Ernährung begonnen.

Das habe ich ohne viel Nachdenken und Analyse der Gründe getan – es kam mir einfach natürlich vor. Auf meinen ausgedehnten Reisen in alle Teile der Welt bin ich in meinen Seminaren, auf Konferenzen oder bei Interviews mehr und mehr auf Menschen gestoßen, die mir von ähnlichen Umstellungen ihrer Ernährung berichtet haben.

Meine Nahrung versorgt mich sozusagen mit einer »leichten« Lebensweise. In Verbindung mit den Meditationen und körperlichen Übungen verleiht sie mir die Klarheit, das Leben mit höchster Intensität wahrzunehmen und zu empfinden.

Die eigenen Gedanken beobachten

Bevor ich von der bereits erwähnten Begegnung berichte, möchte ich von einigen wichtigen Erkenntnissen und Entdeckungen während der Jahre meines spirituellen Lebens erzählen.

In meiner frühen Kindheit hatte ich die Angewohnheit, stundenlang auf die Bäume im schönen Garten meiner Großeltern zu blicken. Ich war mir dessen bewusst, vielleicht erkannte ich es auch instinktiv, dass ich damit Zugang zu einer Pforte der Energie (einem Portal oder einer Tür) hatte, die sich ganz von selbst öffnen und mir zeigen würde, wer ich wirklich bin, wenn ich mich im Einklang mit mir selbst befinde, inneren Frieden habe, Liebe und Vertrauen empfinde.

Ich merkte schnell, dass wir uns in unserem Leben auf eine Reihe von Glaubensmustern stützen, die fortwährend einander wiederholende Gedanken hervorbringen – Gedanken, die mit dem von unserem Ego erzeugten Begehren und mit unseren Wünschen zu tun haben. Jahre des Studiums an drei Universitäten und verschiedene Ausbildungen haben mir vor Augen geführt, dass sich die meisten Menschen nur an der Oberfläche dessen bewegen, wer sie in Wirklichkeit sind. Im Wesentlichen sind ihre Kenntnisse und Aktivitäten auf ihre persönlichen Interessen ausgerichtet. Ständig hat sich die Menschheit damit abgemüht, sich der eigenen Wirklichkeit anzupassen.

Ich habe den Mittelpunkt all dieser Bemühungen sehr genau beobachtet – das Verhalten meiner Angehörigen, Freunde und der Menschen in meiner Umgebung –, und mir wurde dabei klar, dass die Aktivitäten meines Verstandes nach wie vor Teil meines Egos sind, unabhängig davon, ob die Gedanken nun positiv oder negativ sind.

Der erste Schritt, den gedankenfreien Zustand zu erreichen, besteht darin, sich auf ein spezifisches Mantra zu konzentrieren. Die mentale Wiederholung dieses Mantras half mir eine Weile, denn dadurch konnte ich mich von meinen Gedanken lösen und meine Aufmerksamkeit auf den primären Gedanken richten, den mir das gewählte Mantra eingab.

Doch das reichte nicht aus. Ich musste bald feststellen, dass mein Denken etwas Mechanisches angenommen hatte. Es war eine Art Verriegelung, die dafür sorgte, dass ich mich allem anderen gegenüber verschloss. Ich war nicht fähig, über die Übung, die ich durchführte, hinauszublicken.

Etwas fehlte bei dieser spirituellen Aktivität. Es dauerte viele Jahre, bis ich herausfand, was es war. Vorher musste ich alle Kontinente der Erde bereisen, verschiedene Methoden uralter Meditationsschulen kennenlernen und von Meistern verschiedener spiritueller Schulen lernen.

Das, was fehlte, war das Herz. Wenn wir unsere Gedanken nicht mit dem Herzen verbinden, bleibt das Mantra, das wir wiederholen, ohne jede Bedeutung.

Ich hatte damals bereits mehrere unterschiedliche Phasen hinter mir, in denen ich versucht hatte, den Pfad der inneren Erleuchtung zu verstehen. Doch wenn meine Gehirntätigkeit in die falsche Richtung wies, wie sollte ich dann bei meiner Suche nach Gott vorankommen? Sollte ich den Weg der Entsagung ausprobieren und mich von allem Weltlichen abwenden? Aber würde mich all dieser Mangel an angenehmen Lebensumständen, das Fasten, die Enthaltsamkeit und der selbst auferlegte Verzicht darauf, irgendetwas in meinem Umfeld zu genießen, nicht in einen religiösen Fanatiker verwandeln, der am Leben vorbei lebte? Wäre das nicht eine Gewalttat, die sich gegen den eigenen Körper richtete?

Lange Zeit versuchte ich, das Wesen von Gedanken zu begreifen. Die Worte des Einsiedlers und Mystikers Jesaja, der in den Jahren um 370 vor Christus in der sketischen Wüste Ägyptens gelebt hat, fanden Widerhall in meinem Herzen und in meinem Geist. Er hatte gesagt: Wir können solche Gedanken, die unseren Verstand belasten und ihn träge werden lassen, nur ausfindig machen, wenn wir das Wesen unserer Gedanken genau verstehen.

Für mich waren diese Worte besonders wichtig, denn mit diesem Problem hatte ich täglich zu tun. Obwohl ich meine Meditationen von einer einzigen Stunde auf vier oder sogar fünf Stunden ausdehnte, obwohl ich sehr viel Zeit damit verbrachte, in völliger Stille dazusitzen, musste ich ständig irgendwelche Gedanken aus meinem Kopf vertreiben. Phasen tiefer Meditation wechselten mit belastenden, wild herumschwirrenden Gedanken und Erinnerungen. Verzweifelt versuchte ich, diese zu verbannen oder sie durch meine Willenskraft unter Kontrolle zu halten. Mehrmals stellte ich mir sogar ein Lichtschwert vor und setzte es immer dann, wenn mir ein Gedanke oder eine Erinnerung kam, dazu ein, diese Gedanken und Erinnerungen abzutöten.

Darstellung Rumis (1207-1273) aus dem 19. Jahrhundert

Intuitiv spürte ich, dass ich nicht das Richtige tat. Die Lösung konnte nicht darin liegen, die eigenen Gedanken niederzukämpfen. Niemals kann die Lösung in einem Gewaltakt bestehen. Es ist barbarisch, einen Gedanken zu vernichten. Dieser Akt der Aggression unterscheidet sich in der damit ausgeübten negativen Energie im Prinzip nicht davon, irgendetwas anderes anzugreifen und zu zerstören.

Die Lösung liegt darin, die dem Gedanken zugrunde liegende Energie umzuwandeln. Dazu muss man den Gedanken distanziert, so objektiv und unvoreingenommen wie möglich betrachten, anstatt ihn unterdrücken und kontrollieren zu wollen.

Meine Jahre der Suche

Wenn die Tätigkeit meines Verstandes nicht dabei half, mich mit dem Ewigen Geist erneut zu verbinden, was wäre dann die beste Vorgehensweise bei meiner mühseligen Suche, den eigenen Geist zu erwecken? Sollte ich den Weg des Nacheiferns einschlagen? Sollte ich alle Anstrengungen darauf richten, den Weg von Jesus nachzuahmen oder die Wege von Buddha, Babaji und Yogananda?

Sollte ich dem Beispiel tibetischer Meister folgen oder dem der Heiligen Mütter und Väter, die vor fast zweitausend Jahren in Ägypten, Syrien, Zypern und Griechenland gelebt hatten? Dem Weg des persischen Sufis und Mystikers Rumi, der berühmte spirituelle Schriften verfasst hatte, um die Sufis zu lehren, ihr Ziel, die aufrichtige Liebe zu Gott, zu erreichen?

Ich wusste, dass der wichtigste Schritt darin bestehen würde, die Feinheiten meines Egos zu erfassen, ohne mich mit ihnen zu identifizieren. All die Jahre der Suche, der Meditation, der Lektüre von Hunderten spiritueller Bücher würden nichts bedeuten, falls ich es nicht schaffte, meinem Ego zu begegnen, ohne es zu bekämpfen.

Der Sufi-Mystiker benutzte meistens den Ausdruck *roh* oder *äußerlich orientierte Menschen*, wenn er sich auf Personen bezog, die keinen spirituellen Lebensweg verfolgten. Mystiker und Personen auf dem Weg zur Wahrnehmung Gottes nannte er *reif* oder *Herzensmenschen*.

Warum riet uns der Heilige Augustinus nicht, erst nach draußen zu blicken und danach zu uns selbst zurückzukehren? Stattdessen sagte er, wir müssten uns nach innen wenden, dorthin, wo das Licht der Vernunft der Erleuchtung weicht.

Jenseits aller spirituellen Ratschläge und aller Kommentare von Mystikern, Heiligen und großen Meistern wurde mir klar, dass ein starkes, wirkmächtiges Begehren und viel Willenskraft jeden Verstand durch Übungen dazu bringen können, über die unmittelbare Lebenssituation hinauszublicken. Doch ein auf diese Weise ausgebildeter Verstand existiert dann weiter wie jeder andere Verstand. Trotz meines ausgebildeten Verstandes war ich immer noch nicht fähig, dem Unbekannten zu begegnen.

Nach den vielen Jahren der Suche konnte ich nur einen einzigen Schluss daraus ziehen: Um Zugang zu dem Unbekannten zu erlangen, musste ich alles aufgeben, das ich von den spirituellen Lehrern und Schulen, von allen Mystikern und Meistern gelernt hatte.

Meine Sehnsüchte und Bemühungen, meine Willenskraft und mein Streben hatten mir nicht die Harmonie und den Frieden, das innere Gleichgewicht und die Schönheit gebracht, die das *Nirwana* verspricht. Sie hatten mich nicht einmal zum *Nirwana* gebracht.

Ich hatte nur dann das Gefühl, tatsächlich einen Zustand des inneren Friedens und der Freiheit von allen Störungen erreicht zu haben, wenn mein Verstand für ein paar Augenblicke schwieg und das innere Geschwätz verstummte. Mir fiel auf, dass dann, wenn ich innerlich völlig still wurde, mein Bewusstsein wuchs und sich geradezu unbegrenzt ausdehnte. Körper und Geist vereinigten sich dann jenseits von Zeit und Raum, so dass es möglich wurde, sich aus jedem Zustand des Konflikts zu lösen und das eigene Ego verschwinden zu lassen.

Zu meiner Überraschung fand ich diesen Zustand des Friedens und der inneren Harmonie, indem ich meine Achtsamkeit einsetzte. Der Schlüssel war ein Zustand der Aufmerksamkeit und Beobachtung, der alle störenden Gedanken ausschaltete. Mir wurde klar, dass dieser Zustand der Wachsamkeit das *Nirwana* ist. *Nirwana* ist kein bestimmter Ort, sondern ein besonderer Zustand des Seins.

Für mich war das im doppelten Sinne eine Offenbarung. Die erste Erkenntnis war, dass die Meister, die Mystiker, die Lehrer sowie alle Methoden, die ich bis jetzt angewendet hatte, nur eine Vorbereitung auf die reale Erfahrung gewesen waren.

Und die zweite, überaus wichtige Erkenntnis: Ich musste es auf mich gestellt schaffen, niemand konnte es für mich tun. Es war einzig und allein meine Sache. Die Meister und die Methoden hatten mir bis zu diesem Punkt weitergeholfen. Aber jetzt musste ich meine eigenen Erfahrungen machen, nicht die Erfahrungen der Meister.

Das eröffnete mir eine völlig neue Sichtweise. Jeder Tag war ein neuer Tag. An jedem Morgen, an dem ich die Augen aufschlug, war ich ein neuer Mensch. Mir wurde deutlich das bewusst, was Jesus über die Wiedergeburt gesagt hatte.

Damals lebte ich in Kanada. Jeden Morgen meditierte ich unter einem riesigen Ahornbaum in meinem kleinen Garten. Plötzlich war mein Leben so neu, so erfrischend und so voller Wahrnehmungen wie niemals zuvor. Es war, als wäre ich aus einem ausgedehnten, sehr langen Schlaf erwacht.

Wenn ich unter meinem Ahornbaum meditierte, ging ich an jedes Ereignis ohne Urteil oder Einschätzung, ohne Kritik oder Billigung heran. Ich war einfach nur da, ohne irgendetwas zu tun.

Das Nichtstun war für mich eine sehr wichtige Offenbarung, da ich damals daran gewöhnt war, sehr viele Dinge in meinem Leben einer Beurteilung zu unterziehen. Ich reiste seinerzeit zwar viel und gab überall in der Welt Meditationsseminare, doch meine Haupttätigkeit bestand darin, eine Abteilung auf dem Toronto International Airport zu leiten. Jeden Tag musste ich mit Hunderten von Menschen reden. Vom spirituellen Standpunkt aus betrachtet, befand ich mich im wahrsten Sinne des Wortes inmitten eines Chaos. Und meine neue Erkenntnis hatte wesentliche Auswirkungen auf meine Arbeit.

Plötzlich wurde ich mir meiner mechanischen Handlungen bewusst, nahm all die Tätigkeiten wahr, die ich unbewusst oder auch unfreiwillig durchführte.

Ich funktionierte wie ein Rädchen in irgendeinem riesigen Getriebe, charakterlos, ohne Persönlichkeit. Mein Charisma war nur vom Ego gespeist.

Ebenso schnell wie unerwartet konnte ich mich nun außerhalb dieses Getriebes bewegen, war fähig, jeden Vorgang in diesem Mechanismus zu registrieren, ohne darüber zu urteilen.

Beim Zuhören die Dualität überwinden

Ich lernte zuzuhören und dabei die durch die Analysen des Verstandes gesetzten Grenzen zu überschreiten. Da die Aufgabe des Verstandes ja gerade darin besteht, aufzuspalten, zu fragmentieren und zu untersuchen, konnte ich immer dann, wenn ich mich in einem »gedankenfreien« Zustand befand, eine andere Art des Zuhörens und der Wahrnehmung der Welt ringsum entwickeln.

Nun konnte ich mit meinem ganzen Sein zuhören, nicht nur mit dem Verstand. Nebenbei entdeckte ich dabei eine andere erfreuliche Besonderheit: Ich hörte auf, die redenden Personen, die Sätze, mit denen sie mich ansprachen, oder die Handlungen, die auch mich betrafen, zu beurteilen und zu analysieren.

Selbst wenn ich einen bestimmten Wunsch hatte, war ich nicht mehr darauf aus, ihn so schnell wie möglich zu erfüllen. Ich wägte ihn nur ab und ließ ihn dann plötzlich fallen. Nun bestimmte mich das *Sein an sich*. Dieses *Sein an sich* geht über die Dualität hinaus, die darin besteht, dass wir uns entweder in einem Zustand des *Seins* oder in einem Zustand des *Tuns* befinden. Das *Tun* ist eine Leistung, eine Verwirklichung von Zielen, ein Vollzug, eine Erledigung. Es konditioniert uns und nimmt uns völlig in Anspruch.

Das *Sein* ist etwas völlig anderes. Nach unserer Geburt befinden wir uns mindestens drei bis vier Jahre lang in einem Zustand bloßen *Seins*. Wir leben nur im Augenblick und genießen das »Jetzt«. Später folgt ein Zustand des *Tuns*, des Handelns, des Wollens und der Durchführung.

Aber in dieser neuen Phase meines Lebens empfand ich im wahrsten Sinne des Wortes wieder wie ein kleines Kind. Ich konnte allem Lärm ringsum zuhören, ohne ihn zu beurteilen oder einzugreifen. Bei der Arbeit mitten auf dem Flughafen fühlte ich mich wie im Auge eines Orkans: Ich war umgeben von den Verrücktheiten eines der geschäftigsten Flughäfen der Welt, doch es machte mir nichts aus. Ich befand mich an jenem zentralen Ort im Wirbelsturm, wo Stille und Frieden herrschen. Ringsum konnte ich den gewaltigen Strudel von Geschäftigkeit wahrnehmen und spüren, aber er berührte mich gar nicht. Mir war bewusst, dass mein Dasein auf mich als dessen Mittelpunkt fokussiert war.

Die einzige Methode, die ich benutzte, um diesen Zustand des Seins aufrechtzuerhalten, bestand lediglich aus zwei Elementen: Absicht und Achtsamkeit.

Wenn ich achtsam war, befand ich mich stets in Bewegung. Doch die Energie, die ich bei irgendeiner Tätigkeit verausgabte, wurde durch dieselbe Menge von Energie, die ich aus meinem Inneren bezog, unverzüglich wieder aufgefüllt.

Nun ging ich alles, was ich tat, mit dieser neuen Methode an: Achtsamkeit bei gleichzeitiger Passivität des Verstandes. Das heißt, ich schenkte allem ringsum Aufmerksamkeit, ohne es zu kritisieren oder gutzuheißen. Was ich beobachtete, bewertete ich nicht, setzte es nicht herab, überging es nicht, aber bereitete es auch nicht auf. Ich sah mir alles ringsum nur an, ohne es als erfreulich oder unangenehm einzuordnen.

Plötzlich wurde ich mir nun auch meiner inneren Mechanismen und überflüssiger Wiederholungen bewusst. Durch Achtsamkeit spürte ich, dass Handlungen, die ich ohne willkürliches Denken durchführte, nach und nach verblassten und verschwanden. Verstandesmäßige oder bildliche Vorstellungen, Wünsche und Ideen, Erinnerungen und Assoziationen tauchten immer seltener auf.

An diesem Punkt angekommen, hatte ich negative Gedanken nur noch dann, wenn meine Achtsamkeit nachließ.

Es war eine interessante Methode, mir selbst zu begegnen – ziemlich anstrengend, würde ich sagen. Unzählige Gedanken schossen mir in einem einzigen Augenblick durch den Kopf und verflogen unter dem Druck meiner unvoreingenommenen, unparteiischen Aufmerksamkeit sofort wieder. Es gab Momente, in denen ich buchstäblich spürte, dass ich innerlich leer war. Es war der Vorgeschmack einer neuen inneren Freiheit: die vorurteilsfreie Distanz zu und Loslösung von alten Glaubensmustern und Glaubenssystemen.

Die innere Leere gab mir einen vorher nie gekannten Schub von Energie und Tatkraft. In mir blühten Vitalität und Lebensfreude, Gesundheit und Spannkraft auf.

Meine Freunde, Kollegen, Familienangehörige und Schüler spürten diesen inneren Wandel sofort. Mit den voranschreitenden Achtsamkeitsübungen gingen innere Ruhe und eine völlig neue Phase der Schweigsamkeit einher. Zwar leuchteten meine Augen voller Lebenskraft, aber ich zog es vor, zu schweigen und nur aufmerksam zu beobachten. Alle Ausprägungen meines Egos, die mich zum Konkurrenzverhalten, zu Ehrgeiz, Kontrolle, Dominanz und Sucht nach Überlegenheit gedrängt hatten, verschwanden mehr und mehr und lösten sich in einem Meer der Stille und des Friedens auf.

Zum ersten Mal in meinem Leben war ich ein äußerer Beobachter – in der Lage, in der Struktur meines Egos Fehler und Schwächen zu erkennen.

Natürlich kannte ich die Geschichten über Mystiker und Meister, die bei der Suche nach Gott spirituelle Übungen durchgeführt und dabei den langen, schmerzhaften Prozess des Kampfes mit dem eigenen Ego durchlaufen hatten. Bekanntlich ist es ein Prozess, der wehtut, ermüdet und erschöpft. Doch bei mir verlief dieser Prozess milder und müheloser. Die durch Jahre der Konditionierung errichteten Mauern des Verstandes brachen zusammen und lösten sich sanft und behutsam nach und nach auf.

Das innere Wissen

Seitdem ich erstmals die Methode der Absicht und Achtsamkeit angewendet hatte, waren mehr als vier Jahre vergangen. An einem sehr kalten Februarmorgen geschah etwas Besonderes, und zwar unmittelbar, nachdem ich aufgewacht war und mich zur Arbeit fertig machte.

Die Energie, die der Winter in Kanada ausstrahlt, ist wirklich sehr erstaunlich. In den Wintermonaten sind ganz besondere Schwingungen zu spüren. Man ist sich dessen bewusst, dass draußen eine Temperatur von minus 35 Grad herrscht, auch wenn es drinnen gemütlich warm ist. Man kann sogar hören, wie die Schneeflocken sanft auf die weiße Schneedecke rieseln, die die Erde einhüllt.

Gewöhnlich wachte ich sehr früh auf, etwa um 3 Uhr 30, und begann den Tag mit einer dreistündigen Meditation. An jenem Morgen spürte ich, als ich die Augen geöffnet hatte, eine gewaltige Veränderung in meinen Denkstrukturen. Bis zu diesem Morgen hatte ich nach dem Aufwachen meistens ein paar Minuten lang beobachtet, wie meine Gedanken kamen und gingen. Doch an diesem Morgen merkte ich zu meiner Verblüffung, dass sich das übliche Muster meines Denkens verändert hatte. Ich hatte tatsächlich aufgehört, an irgendetwas zu denken. Mental herrschte buchstäblich Funkstille: Ich dachte weder an Vergangenes noch an Zukünftiges. In der Ferne konnte ich den Verkehrslärm hören. Ich konnte das Gewebe der Bettwäsche spüren, während ich mich völlig im gegenwärtigen Augenblick befand – in vollständiger Harmonie mit mir selbst.

Mit diesem Einheitsempfinden ging ein liebevolles Gefühl einher und erfasste nach und nach mein ganzes Wesen. In mir wuchs das Bewusstsein von Mitgefühl, Wärme, Toleranz, Sensibilität und Zärtlichkeit.

Was ich in diesem Augenblick meines Lebens empfand, lässt sich mit keiner anderen Erfahrung vergleichen.

In diesem Bewusstseinszustand verließ ich das Haus, um zur Arbeit zu fahren. Ich war auf unfassbare Weise eins mit dem gegenwärtigen Moment. Einige Stunden lang dachte ich an gar nichts, sondern war von allem losgelöst und betrachtete mich selbst und die Außenwelt wie ein Beobachter.

So, als wäre ich Zuschauer eines Films oder eines Traums, konnte ich mich selbst und die Menschen in meinem Umfeld, mit denen ich Kontakt hatte, deutlich wahrnehmen. Anders war nur, dass ich mein Tun und Handeln bewusst begreifen konnte.

Ich konnte meine Tätigkeiten ohne irgendeine Intervention durch mein Ego fortsetzen.

Nach der Arbeit kehrte ich nach Hause zurück und meditierte. Bei dieser Meditation konnte ich intensiv spüren, wie alle sogenannten Wertvorstellungen und das eigene Selbstwertgefühl, alle äußerlichen Verhaltensweisen und Masken ganz von selbst von mir abfielen. All das vollzog sich ohne mein Einwirken. Es war eine grundlegende Umstrukturierung meiner Geisteshaltung und meiner Realitätswahrnehmung. Nun zählte nur noch die Wahrhaftigkeit meines Aufgehens in diesem bestimmten Moment – jenseits aller Erinnerungen und Gedanken an die Zukunft.

Die Relativität der Welt ringsum verschwand vollständig. Mein Geist war in einem Hohlraum aufgehoben, der mir Zugang zum »Jetzt«, zum gegenwärtigen Augenblick, gewährte. Dieses Gewahrwerden des Moments führte mich zu einer neuen Ebene des Bewusstseins, einem inneren Wissen.

In den folgenden paar Jahren konnte ich wahrnehmen, spüren und nachempfinden, in welcher Weise alle Menschen ringsum in ihren konditionierten Denkweisen und Überzeugungen befangen und gefangen waren. Mir wurde dabei klar, dass man sich aus diesen sich ständig wiederholenden Handlungs- und Denkstrukturen nur durch die offene und ehrliche Anwendung inneren Wissens lösen kann.

Darüber hinaus erkannte ich, wie schmal der Pfad der Selbsterkenntnis ist. Er konnte leicht torpediert werden. Der schlichte Gedanke, dass wir uns auf einem Weg der Selbsterkenntnis befinden, ist eine der unbegrenzten Möglichkeiten des Egos, unseren Verstand und unser Selbstwertgefühl – das Gefühl von eigener Wichtigkeit – ständig zu beschäftigen.

Die Begegnung

Nichts hatte mich auf die Begegnung Anfang Oktober 2015 vorbereitet. Mehr als zwölf Jahre waren seit meiner Erkenntnis inneren Wissens vergangen, bei dem es sich weder um eine Lehre noch um eine Ideologie oder ein Prinzip gehandelt hatte, sondern um eine eindrucksvolle stille Begegnung mit meinem Selbst. Man sollte das innere Wissen nicht als irgendeine Methode betrachten. Man erlebt es dann, wenn das Ego seine Aktivitäten einstellt. Es ist ein Gespräch mit dem Absoluten, mit dem Universum. Sobald mein Ego völlig verstummt und untätig war, konnte ich mich den großen Gaben öffnen, die mir das Absolute schenkte.

Ich begann den Morgen wie üblich mit der Vorbereitung auf die Meditation. Diese Vorbereitung besteht bei mir zunächst aus einer fortgeschrittenen Form des Tai Chi Chuan im Yang-Stil (ein Stil mit fünfundachtzig verschiedenen Körperhaltungen), die ich eine halbe Stunde lang durchführe.

Danach folgen die Beweglichkeitsübungen für die Wirbelsäule und die Beine in der Mahamudra des Hatha Yoga, kombiniert mit leichtem Muskeltraining. Ich bin zwar kein Yogi, doch vor und nach der Meditation gefällt mir besonders der Yoga-Kopfstand (Sirsasana), der den Blutfluss in mein Gehirn verstärkt und zur Reinigung der Zirbeldrüse beiträgt.

Manchmal habe ich nach der Meditation das Bedürfnis, mich in der Totenstellung (Shavasana) mit gespreizten Händen auf den Rücken zu legen, denn dadurch kann sich mein Körper entspannen und neu sammeln.

Meine Vorbereitungen auf die Meditation beende ich gewöhnlich damit, dass ich eine bequeme halbe Lotus-Haltung

einnehme. Das ist meine Lieblingsposition, denn wenn ich auf dem vorderen Rand des kleinen Kissens sitze, streckt sich mein Rücken durch und mein Körper kann danach lange in dieser aufrechten Haltung verharren.

Da ich sehr viel reise, habe ich bei meinen Meditationen keinen Lieblingsplatz. Ich kann an jedem Ort der Welt intensiv meditieren. Doch bei schönem Wetter meditiere ich, wann immer es möglich ist, im Freien. Dort spüre ich die Verbindung mit der Erde und die Energie der Natur ringsum.

Anfang Oktober liegt über der Insel Zypern ein himmlischer Duft. Die Sonne geht früh am Morgen auf und die Blumen verströmen einen unvergesslichen Wohlgeruch.

Ich ging hinaus in den Garten, begab mich in den Schatten eines prächtigen Zitronenbaums, nahm meine Meditationshaltung ein und schloss die Augen.

Ganz von selbst glitt meine Zunge in die Khechari-Mudra-Stellung. Ich war völlig entspannt und begann rhythmisch zu atmen. Die Jahre, in denen ich Kriya Yoga praktiziert hatte, hatten mein Atemmuster grundlegend verändert. Wie üblich umfing meinen Körper nach wenigen Minuten eine sehr wohltuende Energie.

Während der Meditationen verlasse ich nur selten meinen Körper, um mich in der Astralwelt zu bewegen. Meistens suche ich den Zugang zu meinem Herzen und mache dabei höchst intensive Erfahrungen. Doch diesmal spürte ich den Ruf, mich von meinem Körper zu lösen. Sanft glitt ich aus ihm heraus und stieg durch die Zweige und Blätter des Zitronenbaums nach oben.

Ich hielt einen Augenblick inne, blickte auf meinen Körper hinunter und nahm mir, ohne zu zögern, zum ersten Mal vor, Gott zu begegnen.

Was folgte, war eine unerwartete und unglaublich schnelle Aufwärtsbewegung. Ich durchquerte einen riesigen Raum, was ich bei früheren Astralreisen niemals erlebt hatte. Ich spürte, wie ich durch zahlreiche Dimensionen und Universen, kosmische Räume und Welten glitt. Unzählige Lichtjahre flogen in einem einzigen Moment an mir vorbei. In Sekundenschnelle ließ ich alle Materie und Energie hinter mir.

Und während dieser Aufwärtsbewegung konnte ich eindeutig bestimmte Geräusche ausmachen, beispielsweise gegeneinander schabendes Metall und ein durch Papier schneidendes Messer. Das geschah sogar mehrmals. Mit jedem Geräusch ging das deutliche Gefühl einher, dass ich mich aus einer mich bedeckenden Schicht oder Hülle löste. Ich konnte nicht mitzählen, wie oft das geschah, aber nach dem letzten Geräusch, das sehr leise und kaum noch wahrnehmbar war, hatte ich das sichere Gefühl, dass ich alles Körperliche abgestreift hatte.

Ich verwandelte mich in ein grenzenloses reines Bewusstsein und kosmisches Licht. Ich war ein Lichtfunke, ein luzides Bewusstsein, das sich, umgeben von zahllosen ähnlichen Lichtfunken, im Meer des unendlichen Geistes überallhin bewegen konnte. Zugleich konnte ich Welten und Universen spüren, die

Unter dem Zitronenbaum

mit mir (mit meinem wahren Ich) und den anderen Lichtfunken ringsum verbunden waren.

Zeit und Raum verloren jegliche Bedeutung. Millionen, die so waren wie ich – ein Funke Gottes und der ursprünglichen Intelligenz des Universums –, manifestierten sich in unzähligen Welten, Dimensionen und Sphären und zogen in einem einzigen Moment durch mein göttliches Bewusstsein. Nun konnte ich erfahren, was es bedeutet, wenn es heißt »Ich bin, was ich bin«.

Die Rückkehr in meinen leiblichen Körper brachte mir große innere Ruhe. Selbst als ich mich wieder im begrenzten Raum des menschlichen Körpers befand, war ich mir der Verbindung mit meinem göttlichen Ich, mit dem ursprünglichen Schöpfungsgedanken, bewusst.

Während mir Tränen der Dankbarkeit über das Gesicht strömten, legte ich mich vorsichtig hin und umarmte Mutter Erde, spürte die Einheit von Mensch und Natur, von Mensch und Unendlichkeit. Ich konnte das Universum in meinem Inneren wahrnehmen. Das ganze Universum pulsierte in meinem Herzen. *Ich bin, was ich bin.*

5

Lady Ana –

*die große Inkarnation des Wissens
und das intuitive Herz*

In der Zeit, als ich Ana Pricop im Jahre 1990 zum ersten Mal begegnete, hielt ich mich strikt an ein festgelegtes Programm spiritueller Übungen. Wir nannten Ana Pricop gern einfach »Lady Ana«. Denn sie war so bescheiden und genügsam und wir empfanden ihre weltlichen und kosmischen Moralvorstellungen und Werte als so weit fortgeschritten, dass selbst die Bezeichnung »Meisterin« ohne jede Bedeutung war, wenn wir sie ansprachen.

In jenen Tagen praktizierte ich regelmäßig Kriya Yoga und Zen-Meditationen in Verbindung mit bestimmten Übungen der Kampfkunst. Gleichzeitig las ich Hunderte von Büchern. Besonderen Widerhall fanden bei mir die Schriften von Krishnamurti, Osho, Yogananda, Rumi und Carlos Castaneda. Darüber hinaus beschäftigte ich mich intensiv mit fünf sehr wichtigen spirituellen Werken. Es handelte sich dabei um *Das Urantia*

Buch, Ein Kurs in Wundern, Die Schlüssel des Enoch, Mutters Agenda und *Die Philokalie*. Das zuletzt genannte Werk ist eine Sammlung von Texten, die von spirituellen Meistern zwischen dem vierten und fünfzehnten Jahrhundert verfasst wurden. Durch ein geistiges Gebet oder die Versenkung in Gott wollten sie zur Vereinigung mit Gott gelangen.

Ich hatte bereits einige Geschichten über die »alte Meisterin« gehört. Angeblich konnte sie Menschen dadurch heilen, dass sie einfach mit ihnen sprach, und Menschen lehren, durch bestimmte Methoden Zugang zu ihren Herzen zu erlangen.

Mein Interesse an einer Begegnung mit ihr verdoppelte sich, als ein sehr guter Freund von mir, der sie persönlich kannte, mir erzählte, sie werde sehr bald eine Konferenz veranstalten. Ich wusste, dass sie eine kleine Gruppe von Schülern hatte und mit diesen bei sehr schwierigen medizinischen Fällen zusammenar-

1991 mit Lady Ana nach einer großartigen Meditationszusammenkunft

2012 mit Lady Ana, wenige Wochen vor ihrem Tod

beitete, die beispielsweise an Krebs, Leukämie oder HIV erkrankte Menschen betrafen.

Wenige Tage später bat mich mein Freund, ihn zu einem Treffen mit Lady Ana zu begleiten. Meistens bin ich von solchen Treffen mit spirituellen Meistern nicht besonders begeistert. Ich nehme ohne jede Erwartung daran teil. Doch vor dem Treffen mit Lady Ana durchströmte mich mehrmals eine starke Welle von Energie – eine Art Wiedervereinigung mit meinem Selbst. Ich fühlte mich viel konzentrierter als sonst, und mein Gehirn hörte auf, so viele Gedanken wie üblich zu erzeugen.

Instinktiv wusste ich, dass es mich tief in meinem Inneren nach einem Treffen mit Lady Ana verlangt hatte und es nun, da ich dafür bereit war, auf ganz natürliche Weise erfolgte. Außerdem war mir klar, dass eine solche Begegnung dramatische Veränderungen in meinem Leben herbeiführen würde.

Ein gedankenfreier Zustand

Ich wartete geduldig auf einer Bank und teilte mir eine frische Brezel mit einigen kühnen Tauben, die mir direkt von der Handfläche fraßen. Nahezu zwei Stunden vor dem verabredeten Treffen war ich eingetroffen. Eine meiner liebsten Freizeitbeschäftigungen besteht darin, in der Natur auf einer Bank zu sitzen und dabei ein Buch zu lesen oder die Vögel zu füttern. Ich hatte nicht einmal bemerkt, dass eine alte Dame am anderen Ende der Bank Platz genommen hatte. Schließlich drehte ich mich zu ihr um, und als ich ihr in die Augen sah, war mir klar, wer sie war.

»Von deinem Freund habe ich gehört, dass du gern behauptest, dein Verstand schweige, wenn du meditierst«, sagte sie. »Aber das ist unmöglich. Bildlich gesprochen mag das stimmen, aber wörtlich genommen kennt der Verstand kein Schweigen.«

»Also gibt es so etwas wie einen schweigenden Verstand gar nicht?«, fragte ich äußerst überrascht.

»Nein, einen schweigenden Verstand gibt es nicht. Wenn die Stille eintritt, schwindet der Verstand und löst sich im Nichts auf«, erklärte sie. »Wenn du behauptest, dein Verstand würde schweigen, ist es so, als würdest du sagen, dass du ein lebender Toter bist. Es ergibt überhaupt keinen Sinn. Wenn du am Leben bist, bist du nicht tot. Da kannst nicht beides sein.«

Ich sah sie an. Sie hatte etwas an sich, das völlig anders war als bei allen anderen Menschen, denen ich je begegnet war. Sie war Anfang sechzig und besaß eine einzigartige, bemerkenswerte Schönheit, die von innen nach außen strahlte. Ihre leuchtenden Augen zogen unweigerlich die Aufmerksamkeit auf sich.

»Man sagt, dass du eine große Meisterin bist«, bemerkte ich und schaute sie an. »Man nennt dich die ›große Inkarnation des Wissens‹.«

»Siehst du? Ich hatte recht. Dein Verstand kann nicht aufhören zu denken. Schließ die Augen«, forderte sie mich auf. »Sieh und spüre, dass du nur eine Welle im riesigen Meer des Universums bist.«

Sofort kam ich ihrer Aufforderung nach. Ein Gefühl von Wärme öffnete sanft mein Herz.

»Wie fühlst du dich jetzt?«, fragte sie.

»So, als hätte mich mein Mittelpunkt verlassen und sich auf das Zentrum des Universums verlagert. Ich bin kein vereinzelter Mensch mehr. Und ich habe keine Angst mehr«, erwiderte ich.

»Siehst du ... Das ist dein wahres Selbst«, bemerkte Lady Ana lächelnd. »Du weißt jetzt, wie du dich in die Einheit mit dem Universum zurückfallen lassen kannst. Diese Einheit sorgt für deine Ganzheit. Du fühlst dich glückselig. Alle Konflikte und Ängste in deinem Inneren verschwinden und du fühlst dich erfrischt und verjüngt.«

Der ganzheitliche Ansatz

Mehr als zwanzig Jahre lang setzte ich meine Zusammenarbeit mit Lady Ana fort. Manchmal flog ich vom anderen Ende der Welt aus zu ihr, nur um ein paar Tage in ihrer Nähe zu verbringen. Sie war tatsächlich eine großartige Inkarnation des Wissens und hatte einzigartige Fähigkeiten, wenn es darum ging, jemandem in Not zu helfen, ihn zu unterstützen oder zu heilen. Das Wort »heilen« gefiel Lady Ana nicht besonders. Sie betrachtete alle Menschen als bereits geheilte, vollkommene Wesen, deshalb verwendete sie lieber den Ausdruck »Korrektur der Energien«. Unverzüglich konnte sie eine Verbindung zur Akasha-Chronik – dem »Buch des Lebens« oder dem »Weltgedächtnis« – herstellen und daraus die Informationen beziehen, die in diesem Moment und an diesem Ort, wo Menschen sich mit ihr trafen, nötig waren.

Wie alle anderen Lichtwesen mit höherer Bewusstseinsstufe, die auf der Erde sind, um uns anzuleiten, wusste Lady Ana genau, dass drei Dinge nötig sind, wenn wir jemandem helfen wollen. Als Erstes müssen wir das Höhere Selbst dieser Person um Erlaubnis zum Heilen bitten. Wenn wir diese Erlaubnis erteilt bekommen, müssen wir die karmischen Handlungen, an die wir alle gebunden sind, dadurch reinigen, dass wir weit in die Untiefen dieser Person eintauchen. Dort müssen wir zusammen mit der Person, die uns um Hilfe gebeten hat, nach der wahren Ursache der Erkrankung suchen. Und schließlich müssen wir alle empfangenen Informationen bündeln und eine ganzheitliche Vorgehensweise finden, die der Person, die um Unterstützung gebeten hat, tatsächlich helfen kann.

Die ganzheitliche Vorgehensweise von Lady Ana war in der Hinsicht einzigartig, dass sie für jeden Hilfesuchenden eine andere Methode benutzte. Mit ihren Händen konnte sie wahre Wunder vollbringen. Sie wusste genau, auf welchen Meridian sie Druck ausüben musste, um eine Blockade zu lösen, die jemandem vielleicht monatelang große Schmerzen bereitet hatte.

Man kann sich gar nicht vorstellen, welche Energie sie mit ihren Händen auf den spezifischen Blockadepunkt übertragen konnte. Es war, als versengte einen Feuer. Manchmal war es kurzzeitig sehr schmerzhaft, doch wenn die Energie wieder richtig zu fließen begann, fühlte man sich wie neugeboren.

Zuweilen bat sie den Hilfesuchenden, ein besonderes Wort auszusprechen, das sich auf die körperliche Blockade bezog.

Dann wiederholte der- oder diejenige das Wort oder auch einen ganzen Satz zehn oder fünfzehn Minuten lang und spürte dabei einen wirklich qualvollen Schmerz in einem bestimmten Bereich ihres oder seines Körpers.

Lady Ana beherrschte es meisterhaft, das mit einer Krankheit verbundene emotionale Trauma zu beseitigen. Ihr war klar, dass eine Krankheit entweder durch ein emotionales Trauma oder aber durch eine bestimmte feste Überzeugung ausgelöst werden kann. Ich habe in meinem Leben nur einen einzigen Menschen getroffen, der dieselbe Fähigkeit wie Lady Ana hat: Drunvalo Melchizedek.

Am Ende jeder Behandlung schlug Lady Ana dann eine spezielle Ernährungsweise vor, die die männliche und weibliche Komponente des Menschen in völliges Gleichgewicht bringen kann. Als Mahavatar des Wissens konnte Lady Ana alle Informationen nutzen, die sich auf die physischen, emotionalen und mentalen Aspekte des Körpers bezogen.

Wir führten unzählige Gespräche, die sich manchmal über Stunden oder sogar Tage erstreckten – über das *I Ging*, das Buch der Wandlungen, über die *Upanishaden*, die *Bhagavad Gita*, den großen indischen Strom Brahmaputra, die Bibel, den Koran, den Zohar, die Tora und das *Daodejing*. Darüber hinaus beschäftigten wir uns intensiv mit den Werken Patanjalis, Yoganandas, Sri Yuktewars und den neun buddhistischen Gebetsübungen aus dem *Buddhanusmurti*. Selbstverständlich führten wir auch schier endlose Gespräche über Jesus, Buddha, Moses, Mohammed, Babaji, Laotse, Konfuzius, den Nagual Don Juan, St. Germain, Kuthumi und El Morya sowie Ramtha, über die Spiritualität Anastasias und Drunvalo Melchizedeks und zahlreiche andere berühmte Meister, die auf die eine oder andere Weise das spirituelle Leben auf diesem Planeten beeinflusst haben.

Einige Male nahm Lady Ana auch Verbindung mit der Organisation der Großen Weißen Bruderschaft auf, und einmal lud sie während eines Experiments, bei dem wir ein besonderes Gerät zur Untersuchung der Aura einsetzten, sogar einen Aufgestiegenen Meister zu uns ein. Er stellte sich uns als Mark vor und erlaubte Lady Ana, seine besondere Aura aufzuzeichnen. Dabei fanden wir heraus, dass es einen eindeutigen Unterschied gibt zwischen der Aura eines multidimensionalen Wesens und der eines Menschen.[6]

Lady Ana nutzte den ganzheitlichen Ansatz, um Tausenden von Menschen in der ganzen Welt zu helfen. Obwohl sie in Moldawien geboren war und ihr Leben größtenteils in Rumänien verbracht hatte, besuchte sie auch zahlreiche andere Länder – darunter die USA, Russland, Deutschland und Frankreich – und führte dort Konferenzen und spirituelle Workshops mit Menschen von überall durch.

Wiederanbindung an die Ursprungenergie

Der wichtigste Teil von Lady Anas Arbeit bestand in dem, was sie »das intuitive Herz« nannte. Sie tat ihre Arbeit reinen Herzens und auf sehr weibliche Art. Ihre Meditationen und Ratschläge in Gesundheitsfragen waren immer auf den Punkt. Weder plante sie diese im Voraus, noch hielt sie sich dabei an festgelegte Abläufe oder Handbücher. Es war eine spontane Führung, entstanden im »Jetzt«, inspiriert vom gegenwärtigen Augenblick. Ihre Intuition befand sich im völligen Einklang mit der gegebenen Situation.

---

[6] Siehe die vergleichende Darstellung der Auren auf meiner Website www.daniel mitel.com/wp-content/uploads/2016/03/Auras-comparisons.001.jpeg.

Meine Jahre gemeinsamer Meditation mit Lady Ana halfen mir dabei, mich weiterzuentwickeln und die weibliche Art und Weise, Zugang zum Herzen zu erlangen, besser zu verstehen. Oft und gern sagte sie, wir müssten unseren »inneren Lotsen« vom Gehirn hinunter ins Herz verlagern, müssten vom Herzen statt vom Gehirn aus agieren. Wie alle anderen spirituellen Meister, die zur Gotteserkenntnis gelangt waren, wusste sie, dass der wichtigste Schritt für einen Menschen darin besteht, aus dem Herzen heraus zu handeln.

Und wie alle spirituellen Meister lehrte sie uns als Erstes, uns mit Mutter Erde, Vater Universum und unserem Höheren Selbst zu verbinden. Ihre Meditation glich fast den tibetischen Meditationen. Sie bezeichnete sie als »Wiederanbindung«. Häufig sagte sie, wir müssten uns erneut mit der uranfänglichen Energie verbinden, der uralten Energie, der wir alle entstammen.

Es ist tatsächlich eine Wiederanbindung. Wir haben völlig vergessen, dass unsere Körper Gaben von Mutter Erde sind. Wir haben völlig vergessen, dass wir, falls wir uns nicht wieder mit den Energien von Mutter Erde und den Schwingungen des Vaters unseres Universums verbinden, keinen Zugang zum Herzen finden. Wir erinnern uns nicht mehr daran, dass wir bei unserer Suche nach Wahrheit verloren sind, wenn wir nicht mit unserem Höheren Selbst kommunizieren.

Gehen wir noch einmal die wesentlichen Schritte der Meditation durch.[7]

Als Erstes musst du dir einen Ort suchen, an dem du mindestens eine halbe Stunde ungestört sein kannst. Dann nimmst du eine bequeme Körperhaltung mit geradem Rücken ein und schließt die Augen.

---

[7] Die vollständige mp3-Audiodatei dieser Meditation umfasst ungefähr zweiundzwanzig Minuten. Man findet sie auf meiner Website www.danielmitel.com. Am besten schließt man beim Zuhören die Augen.

Richte deine Aufmerksamkeit auf die Schädeldecke und stell dir vor, du würdest das Wort »entspannen« durch die Fontanelle, dein Kronenchakra, einatmen.

Anschließend male dir aus, dass du dich irgendwo mitten in der Natur befindest, an einem Ort, den du kennst und liebst, und dass du zu einem Teil der Erde wirst. Spüre beispielsweise, wie du zu einem Baum mit starken, kräftigen Wurzeln geworden bist, und erkenne, dass du buchstäblich der Erde angehörst. Dein Inneres enthält alle fünf Elemente des Universums: Erde, Wasser, Holz, Feuer und Metall.

Spüre, wie du größer und größer wirst und dich das ganze Universum umgibt. Kreise um die Sonne. Spüre die Verbindung zu den Tausenden von Sternen ringsum.

Der Umkehrungsprozess

Lady Anas spontane Führung bei ihrer Meditation war der wesentliche Bestandteil, wenn es darum ging, die Geheimnisse unseres Herzens zu finden. Unsere ganze Gruppe, die eng mit ihr zusammenarbeitete, wusste genau, dass dieses Vorgehen eine entscheidende Wegmarke bei unserer spirituellen Entwicklung war. Tatsächlich ist es der wichtigste Schritt, um herauszufinden, wer wir wirklich sind. Lady Ana war klar, dass wir nur dann wirklich wir selbst sind, wenn wir zu denken aufhören. In dem Moment, in dem wir zu denken aufhören, kommt unsere innere Führung zum Tragen.

Lady Ana nutzte das Prinzip der spontanen Führung, um uns wieder in den Zustand der Unschuld zu versetzen. Ihrem enormen Wissen nach dient spontane Führung dazu, aus uns wieder schlichte, unschuldige Menschen zu machen. Da wir so sehr damit beschäftigt sind, irgendetwas zu *tun*, haben wir fast völlig vergessen, einfach zu *sein*.

Wir haben vergessen, dass das *Sein* unserer wahren Natur entspricht. Das *Tun* ist nichts anderes als eine Bewerkstelligung, die Ausführung von etwas, das Ergebnis unserer Alltagsaktivitäten. Die Meisterin musste uns dabei helfen, wieder ein *Ganzes* zu werden, frei und fähig, den Zugang zum Herzen zu erlangen.

Diese Aufgabe war nicht leicht, denn mit unserem Verstand konnten wir die Dualität mühelos erfassen und neigten dazu, das Ganze zu zerstückeln – neigten also dazu, alles, was uns in die Hände fiel, aufzuspalten. Es drängte uns dazu, jedes Buch, das wir lasen, jede Meditation, die wir durchführten, jede Übung, die wir machten, bis ins kleinste Detail zu analysieren. Meistens lächelte Lady Ana, wenn sie unseren armseligen Bemühungen und Versuchen zusah, alles, was unser Dasein betraf, in Stücke zu zerlegen und zu hinterfragen.

Tage- und nächtelang schwelgten wir in Gesprächen über alle möglichen Meditationstechniken, Chakren und Energien, Auren und spirituelle Kräfte. Stets hörte sie uns geduldig zu und spielte dabei wie ein kleines Kind mit.

Fast immer lachte sie herzlich und voller Zuneigung über unsere Annahmen, soweit sie unsere Existenz, das unendliche Universum und die Göttlichkeit betrafen. Sie ließ es zu, dass sich unsere Gedanken auf Fragmente richteten, obwohl sie genau wusste, dass die Wahrheit ein Ganzes bildet und nicht in Einzelteilen zu haben ist.

Und dann verhalf Lady Ana uns zu einem vollständigen Umkehrungsprozess, indem sie uns dabei unterstützte, alle gedanklichen Fragmente herauszukristallisieren und zusammenzubringen. Wir sahen uns mit einem gigantischen Puzzle konfrontiert, während die Meisterin hinter uns stand und behutsam dabei half, jedes einzelne Teil an die richtige Stelle zu

Lady Ana mit Blumen, 2010

rücken. Wir mussten all diese Fragmente verschieben und das ganze Puzzle, das wir vorher so gründlich auseinandergenommen hatten, neu zusammensetzen.

Um Zugang zu unserem Herzen zu erlangen, mussten wir erst einmal lernen, wieder einen gedankenfreien Zustand herbeizuführen. Wir mussten das Selbstvertrauen und den Glauben zurückgewinnen. Lady Ana nutzte dabei einige der wirksamsten und einfachsten Methoden, um uns zu unserem eigentlichen Selbst zurückzuführen: Musik, Malerei, die Verbindung mit der Natur und vieles andere.

Mitten am Tag forderte sie uns auf, ins Freie zu gehen und dort einem Beethoven- oder Mozart-Konzert zu lauschen. An Hunderten von Vormittagen bat sie uns, sie in den Wald zu begleiten und uns an einer Quelle auszuruhen. Oft schlug sie uns vor, unsere Farben und Pinsel mitzunehmen und mit geschlossenen Augen zu malen.

Stück für Stück demontierte sie unsere geistige Betrachtungsweise unseres Umfelds. Wir brauchten Jahre dazu, etwas ganz Einfaches wahrzunehmen: Das Göttliche, Gott oder wie wir es sonst nennen mögen, das Verborgene, das wir so verzweifelt zu finden versuchten, lag im *Hier und Jetzt*.

Die Methode der »Intuition des Herzens« war im Grunde ganz einfach. Wenn Lady Ana sah, dass wir uns in einem gedankenfreien Zustand befanden, arbeitete sie mit uns, indem sie uns spontane Führung zuteil werden ließ, damit wir Zugang zu unserem Herzen erlangten.

Diese Methode war so unkompliziert, dass es uns völlig natürlich vorkam, in unseren Herzen anzukommen. Es war so, als wären wir nach Hause zurückgekehrt.

Der intuitive Zugang zum Herzen

Ich konnte mich sehr glücklich schätzen, dass ich schon zu Beginn meiner Suche die intuitive Methode nutzen durfte und eine Lehrmeisterin hatte, die meinem Geist auf die einfachste, am wenigsten komplizierte, schlichteste Weise den Zugang zum Herzen öffnete.

Das geschah während einem unserer üblichen Nachmittagsspaziergänge unter den Hunderten von Lindenbäumen auf dem berühmten Copou-Hügel, wo alle Universitäten der rumänischen Stadt Iasi liegen. Der Duft von Lindenblüten ist wirklich einzigartig. Wir beschlossen, eine Pause zu machen und uns auf das Gras unter einer alten Linde zu setzen. Ringsum umgaben uns herzförmige Blätter und duftende Blüten in gelben Farbschattierungen. Wir waren nach einem Bach-Konzert den Hügel hinaufgestiegen. Noch immer hallte die himmlische Musik in uns nach.

»*Schließt die Augen*«, forderte Lady Ana uns auf. »*Fühlt euch völlig entspannt. Richtet den Blick auf eure Seele und stellt euch einen heiteren blauen Sommerhimmel vor. Es ist, als würdet ihr ihn von unten betrachten. All eure Gedanken sind weiße Wolken, die am Himmel dahinziehen.*«

Sofort kamen wir Lady Anas Aufforderung nach. Ich bemerkte ein Gefühl von Ruhe und innerem Frieden in mir.

»*Lasst einen sanften Wind die weißen Wolken nach links verschieben, bis alle verschwunden sind.*«

Als die letzte Wolke verschwunden war, begann ein innerer Ton von der Mitte meines Brustkorbs aus widerzuhallen.

»*Spürt oder erkennt, wo euer Herz ist, oder lauscht den Schwingungen, die aus der Mitte eures Brustkorbs kommen. Lauscht dem Geräusch eures Herzens und konzentriert euch darauf. Es kann eine Schwingung, ein Ton oder ein Herzschlag sein*«, erklärte Lady Ana.

Anfangs konnte ich deutlich meinen Herzschlag hören – das Pulsieren des Herzens. Dann wurde er schwächer, während die Schwingungen immer stärker wahrzunehmen waren. Instinktiv konzentrierte ich mich auf diese Schwingungen und fühlte mich, als stürzte ich von einer Klippe. Mir wurde fast schwindelig, aber es war ein durchaus angenehmes Gefühl. Ich fiel in mein Inneres und ließ es ohne jeden Widerstand und ohne jede Erwartung geschehen. Irgendetwas Unwiderstehliches zog mich wie ein kosmischer Magnet in diese Richtung.

Zeit und Raum verloren jede Bedeutung. In Sekundenschnelle zog ich an Tausenden von Sternen und Lichtern vorbei, bis mich plötzlich etwas zum Stillstand brachte. Meine

Reise endete auf sehr sanfte Weise: Ich konnte Farben, Wellen von Licht und Energie wahrnehmen, spürte die Gegenwart anderer Wesen und konnte mich so frei bewegen, als gäbe es hier keine Schwerkraft.

Lady Ana schwieg. Zu meiner Verblüffung sah ich sie ganz in meiner Nähe, an dem Ort, wo mein Geist angekommen war. Aber sie war nicht nur in ihrer menschlichen Gestalt anwesend, sondern von prächtigen Strömen des Lichts und der Farben eingehüllt, was überaus schön und eindrucksvoll wirkte. Ich fühlte mich innerlich ruhig und von allem losgelöst. Irgendetwas beschützte mich, wie ich wusste.

Ich konnte alles sehen, was ich zu sehen begehrte. Durch reine Absicht konnte ich mich zu jedem Ort im Universum bewegen, alles erschaffen, was ich wollte, und mich jedem an jedem beliebigen Ort im Universum mitteilen.

6

Die indischen Heiligen
und die Reinigung des Herzens

Meine frühesten Erinnerungen sind in der Zeit angesiedelt, als ich etwa drei Jahre alt war. Ich weiß noch, dass meine Mutter mich während ihrer Hausarbeiten beobachtete. Ihr Blick drückte stets Überraschung aus, wenn sie zusah, wie ich still spielte, meistens mit einem kleinen Schreibstift und einem Blatt Papier oder mit einer kleinen Plastikschüssel, die nur ein Viertel der Größe eines Eimers hatte. In die Schüssel legte sie die gewaschenen Wäschestücke und trug sie nach draußen, um sie in der Sonne aufzuhängen.

Später erzählte mir meine Mutter, ich sei ein ungewöhnlich ruhiges Kind gewesen, das niemals aus Hunger oder Durst weinte. Ich weiß noch, dass sie mich oft sanft umarmte. Sie achtete mehr auf meine Gesten und meine Augen als auf die Wörter, die ich hin und wieder aussprach.

Mein Lieblingsspiel bestand darin, mich mit gekreuzten Beinen wie in halber Lotus-Haltung auf die kleine Plastikschüssel zu setzen. Wie ein Magnet zog das Dach meines Mundes über dem weichen Gaumen meine Zunge an, die sich danach in den Nasenrachenraum hineinbewegte – die wohlbekannte Khechari-Mudra-Technik. Dann spürte ich einen warmen Energieschauer über meinen Rücken nach oben laufen und einen angenehm süßen Geschmack im Mund. Wenn ich die Augen schloss, fühlte ich mich, als bewegte ich mich oder als flöge ich durch den leeren Raum.

Erst viele Jahre später fand ich heraus, dass ich tatsächlich Kriya Yoga praktiziert hatte – eine Atemtechnik über den Rücken, die Mahavatar Babaji der Menschheit überliefert hat und bei der durch das Atmen die Rückenmarkskanäle geöffnet werden. Die Übungen in dieser Technik führten zu meinem ersten Kontakt mit Kundalini, der Primärenergie. Diese Energie liegt im unteren Bereich unseres Rückens verborgen. Das Kriya Yoga mit seiner über den Rücken ablaufenden Atemtechnik ist eine der besten Methoden, diese Primärenergie zu den Hauptenergiezentren im oberen Bereich des Rückenmarks zu leiten.

Mittlerweile, nach vielen Jahren, in denen ich Kriya Yoga praktiziert und gelehrt habe, konnte ich gemeinsam mit meinen fortgeschrittenen Schülern feststellen, dass es ein sehr wichtiges Stadium beim Kriya Yoga gibt, das man gewöhnlich erreicht, wenn man viel Kriya Pranayama, Omkar und Thokar praktiziert hat. Kriya Pranayama, die wichtigste Methode des Ersten Kriyas, ermöglicht es der Energie, durch die unsichtbaren feinen Kanäle innerhalb der Wirbelsäule zu strömen, durch die Lebensenergie fließt.

Die wichtigsten Kanäle sind Ida, die weibliche Energie (oder Yin), die entlang der linken Seite der Wirbelsäule nach oben fließt, und Pingala, die männliche Energie (oder Yang), die parallel zu Ida auf der rechten Seite der Wirbelsäule nach oben fließt. Direkt in der Mitte befindet sich Sushuma, der Hauptka-

Kriya-Yoga-Chakren

nal, der alle Energiezentren, die menschlichen Chakren, enthält (siehe Abbildung).

Die Omkar- und Thokar-Techniken sind Teil des Höheren Kriyas und ermöglichen es dem Herzchakra, mit höchster Leistungskraft zu arbeiten.

Die indischen Heiligen, Schüler von Mahavatar Babaji, bezeichneten die Tiefen-Erfahrung der Aktivierung des Herzchakras als Grundlage aller echten spirituellen Pfade. Lahiri Mahasaya, Sri Yukteswar, Yogananda und Satyananda verbrachten sehr viel Zeit mit der Reinigung der Energie des Herzens.

Zugang zum Herzen durch Prana

Viele Kriya-Experten sind sich darin einig, dass die richtige Kombination von Kriya Pranayama, Omkar- und Thokar-Übungen in Verbindung mit Japa, dem kontemplativen Gebet, die Übenden zum wichtigsten Schritt auf ihrer spirituellen Reise führt: zur Verlagerung des Geistes vom Gehirn zum Herzen. Ich nenne es das *Kriya des Herzens*.

Japa gehört zu allen spirituellen Schulungen. Es besteht in der Wiederholung eines Satzes, der eine ehrfürchtige, andächtige Bedeutung hat. Beim Kriya verwenden wir das Lord-Krishna-Mantra *Om Namo Bhagavate Vasudevaya*, wie es uns Lahiri Mahasaya gelehrt hat. Die fortwährende Verwendung dieser Methode vermag es, den Praktizierenden in den göttlichen Zustand des Herzensgebets zu versetzen.

Die einfache Konzentration auf das Atmen und die Anwendung des Khechari-Mudras in Verbindung mit einem Mantra kann eine große Wirkung auf jeden Übenden haben. Die

Lahiri Mahasaya (1828-1895)

Durchführung des Khechari-Mudras ist dabei ein besonders wichtiger Schritt. Schon seit meiner Kindheit halte ich meine Zunge stundenlang in dieser Position. Komischerweise war ich davon überzeugt, dass jeder in meinem Umfeld es so machte, und war deshalb sehr überrascht, als ein guter Schulfreund mir erzählte, niemand könne es schaffen, die Zunge so viele Stunden lang nach oben zu strecken.

Das Khechari-Mudra gehört zu den uralten Yoga-Traditionen. Man kann es in verschiedenen Schwierigkeitsstufen praktizieren, bis man die Zunge irgendwann mühelos in den Nasenrachenraum, den oberen Teil der Nasenhöhle, einführen kann. Am Anfang müssen wir die Zunge nach oben rollen und die Zungenspitze so weit wie möglich zum Gaumen führen, bis wir in der Lage sind, das Gaumenzäpfchen ohne Anspannung der Zunge zu berühren.

Es gibt verschiedene uralte Texte, die die Bedeutung des Khechari-Mudras hervorheben. Buddha lehrte seine Schüler,

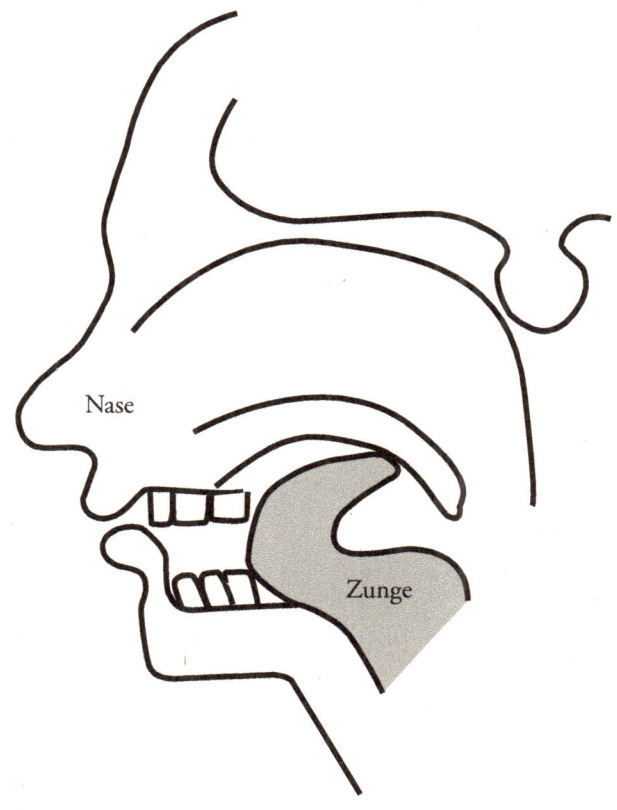

die Zungenspitze an das Gaumensegel zu führen, um Hunger und Gedanken besser steuern zu können. Verschiedene Texte des Hatha Yoga verweisen auf die Wirkungskraft des Khechari-Mudras als Mittel, Kundalini, die Ursprungsenergie, zu aktivieren und Zugang zu den verschiedenen Reserven von Amrita, der göttlichen Flüssigkeit im Kopf, zu erlangen, die in der Folge durch den Körper strömen. Ich kann die Wirkung dieses magischen Nektars aus eigener Erfahrung bestätigen: Ich verbrachte einen ganzen Monat in tibetischen Höhlen und zehn Tage in Thailand in Klausur und ernährte mich in dieser Zeit ausschließlich durch Amrita.

Ich habe nicht die Absicht, euch mit diesem Buch in alle Methoden des Kriya Yogas einzuführen, denn dieser Schritt verlangt die persönliche Berührung und Überwachung durch einen Kriya-Meister. Allerdings möchte ich meine Erfahrungen bei der Ausübung des Kriya des Herzens gern mit euch teilen.

Denkt daran, dass wir, um spirituelle Gnade zu erlangen, kontinuierlich Übungen durchführen müssen. Lahiri Mahasayas Motto lautet: »*Banat, Banat, ban jay!*« (Tun, tun, dann ist es eines Tages getan!)

Einige Jahre der Übung reichten dazu aus, dass ich meine Zunge schließlich in die Khechari-Mudra-Stellung bringen, beim Kriya Pranayama rhythmisch atmen und ein kontemplatives Gebet anstimmen konnte.

Nach einer Weile begann mein Herz dann fortwährend Schwingungen zu erzeugen, wie ein kosmischer Pulsar, der regelmäßig Lichtimpulse ausstrahlt. Es ist wie ein innerer Ruf, dem ich mich nicht widersetzen kann. Oder auch wie ein innerer Magnet, der meine ungeteilte Aufmerksamkeit zu meinem Herzen zieht. Ein warmes Gefühl umfängt dann meinen Brustkorb und hüllt meinen ganzen Körper wie ein schützendes Lichtfeld ein.

Anschließend beginne ich mich wie ein Lichtfunke im Universum innerhalb meines Körpers zu bewegen. Manchmal dauert es auf der unendlichen Reise zu meinem Herzen Stunden, den Raum voller Galaxien und Quasare, Sonnensysteme und Sterne zu durchqueren.

Recht oft befinde ich mich noch irgendwo auf halber Strecke der Reise, wenn ich merke, dass bereits drei oder vier Stunden vergangen sind und ich wieder in den Tag zurückkehren muss. Dann öffne ich die Augen und spüre noch mindestens ein, zwei Stunden lang Schwingungen im ganzen Körper, besonders in der Herzgegend.

Immer wenn es mir gelang, Zeit und Raum zu durchqueren und im Herzen anzukommen, fühlte ich mich wie neugeboren und verwandelt. Ich fühlte mich rein, unschuldig und verbunden mit der Göttlichkeit.

7

Die Mystiker auf dem Heiligen Berg Athos,
die Heilige Teresa von Ávila und das Herzensgebet

Die Zeiten, die sich für jeden spirituellen Sucher am meisten lohnen, sind jene, die man auf das Herzensgebet verwendet. Es gibt viele Gruppen, die es gemeinsam praktizieren, doch ich möchte hier nur von meinen Erfahrungen mit den Techniken erzählen, die von den Mystikern auf dem Heiligen Berg Athos und der Heiligen Teresa von Ávila stammen. In einem der folgenden Kapitel gehe ich dann auch noch auf meine Erfahrungen mit den Derwischen der Sufis ein.

Falls ihr euch dazu entschließt, diese Techniken anzuwenden, mögt ihr anfangs denken, dass zwischen dem Kriya des Herzens und diesen Methoden ein wesentlicher Unterschied besteht, soweit es das Verständnis und die Praktizierung des Herzensgebets betrifft. Doch mit der Zeit werdet ihr die Synergie dieser Methoden erkennen und damit letztlich zum selben Ergebnis gelangen. Ich kann an dieser Stelle tatsächlich behaupten, dass das Kriya des Herzens, wenn man es ernsthaft und voller Hingabe praktiziert, zu denselben Ergebnissen führt wie diese anderen Methoden.

Leider haben wir die Meister, die mit diesen Methoden die Vereinigung mit Gott erreichten, mit Etiketten wie »islamische

Sankt Nicodemos vom Heiligen Berg (1749-1809)

Mystiker«, »orthodoxe Mystiker« oder »katholische Mystiker« belegt und auf diese Weise den echten Ruf, den viele spirituell orientierte Menschen jenseits aller Konfessionen empfangen, entwertet. Das Herzensgebet hält in seiner vollendeten Form ein Leben lang an und setzt sich auch jenseits unseres körperlichen Lebens fort, unabhängig von dem Namen oder Etikett, das wir diesem Gebet anhängen.

Ich bin das beste Beispiel dafür, denn ich habe das Herzensgebet mit Mystikern der Sufis auf den Bergen Irans praktiziert, mit orthodoxen Mystikern auf dem Berg Athos und mit indischen Heiligen des Kriyas, und sie alle nahmen mich herzlich in ihrer Mitte auf und halfen mir bei meiner Suche nach Gotteswahrnehmung.

Ich brauchte Monate und Jahre zu der Erkenntnis, dass sich das Herzensgebet auf unverwechselbare Weise vollzieht. Es vollzieht sich in dem geheimnisvollen verborgenen Bereich des Herzens. Für kurze Zeit setzten dabei jedes Mal mein Atem und mein Herzschlag aus und meine Augen füllten sich wegen Gefühlen, die man nicht durch Worte ausdrücken kann, mit Tränen.

Die Liebe zur Schönheit

Das griechische Werk *Philokalie* stellt eine der wichtigsten Sammlungen die Praxis anleitender spiritueller Texte dar. Es ist Teil der östlichen Tradition des Hesychasmus, eine Form von Spiritualität, die im Mittelalter von orthodoxen byzantinischen Mönchen entwickelt wurde, und wurde zwischen dem vierten und fünfzehnten Jahrhundert verfasst. Diese Sammlung rüstet uns mit den ursprünglichen Anleitungen und Vorgaben der orthodoxen Mystiker zur Praktizierung eines kontemplativen Lebens aus. Der Titel des Werks ist sehr vielsagend: *Philokalie* ist die *Liebe zur Schönheit*. *(Philo* bedeutet Liebe und *Kallos* Schönheit.)

Im achtzehnten Jahrhundert stellten zwei berühmte Mystiker, Sankt Nikodemos und Sankt Makarios aus Korinth, die Texte zusammen und machten daraus ein einziges Buch, das für viele spirituellen Sucher in der ganzen Welt zum wichtigsten Werk und Leitfaden wurde. *Philokalie* ist von unschätzbarem Wert: Es ist das wichtigste Übungsbuch, das die Mystiker auf dem Berg Athos zur Gottesversenkung benutzen. Es gibt kaum ein anderes schriftliches Dokument von so großer Bedeutung.

Auch der Umfang dieses Werks ist beeindruckend: Die letzte englische Version umfasst fünf Bände. Und es existiert in verschiedenen Sprachen. Beispielsweise hat Pater Dumitru Staniloae das komplette Original ins Rumänische übersetzt und durch eigene Erfahrungen ergänzt, was zu einer Ausgabe mit zehn umfangreichen Bänden geführt hat. Es gibt auch fünf Bände in russischer Sprache, die insgesamt mehr als viertausend Seiten umfassen, desgleichen seit 2016 fünf Bände in deutscher Sprache unter dem Titel *Philokalie der Väter der heiligen Nüchternheit*.

Dieses Buch voller Ratschläge und Übungen ist wirklich ein Schatz. Es ist leicht zu lesen und zu verstehen. Wie in allen spirituellen Meisterwerken fordern uns die Meister in *Philokalie* zur ständigen Achtsamkeit und fokussierten Absicht auf. Häufig bezeichnen sie dies auch als »Wachsamkeit« oder »Schutz unseres Intellekts«, manchmal nennen sie es nur »Aufmerksamkeit« und »Intention«. Generell ist es demnach unmöglich, irgendeine der Tugenden der Mystiker zu erlangen, wenn man die eigenen Gedanken nicht beobachtet und überwacht.

Falls einige von euch lediglich das Herzensgebet praktizieren möchten, könnt ihr euch auf bestimmte Teile des Werkes konzentrieren. Natürlich könnt ihr auch alle Bände lesen, aber für das Herzensgebet reicht es aus, einige Übungen auszuwählen.[8] Abhandlungen über die drei Arten des Gebets findet ihr im zweiten Teil des von Nikephoros dem Einsiedler verfassten Buch, im Buch des Heiligen Gregor von Sinai (die kurzen Kapitel könnt ihr auslassen) sowie in dem Buch von Simeon dem Neuen Theologen. Diese Teile sind wesentlich für jeden, der sich im Herzensgebet üben will.

Falls ihr Zeit dazu habt, lest darüber hinaus die von Simeon dem Neuen Theologen verfasste Abhandlung über den Glauben sowie das Buch von Callistus und Ignatius. Nach einiger Übung im Herzensgebet empfehle ich jedem, sich die Erfahrungen und Anleitungen anzueignen, über die alle fünfundzwanzig Heiligen Väter berichten, wenn sie auf die Kunst des wahren und wesentlichen Gebets nach der Herzmethode eingehen. Gemäß den Instruktionen der fünfundzwanzig Mystiker können sich unsere Seelen durch fortwährendes Gebet von allen unerwünschten und unangebrachten Handlungen lösen, so dass es uns bald zum Wichtigsten hinzieht: zur Vereinigung mit Gott.

Die Meister fordern uns dazu auf, uns fortwährend ins Herzensgebet zu versenken, und heben hervor, wie wichtig es ist, sich dafür die nötige Zeit zu nehmen.

Häufig konnte ich beobachten, welche Wirkung das ständige Beten hat, vor allem in den Klöstern Nordrumäniens, in denen die dem hesychastischen Mystizismus anhängenden Mönche ohne Unterlass beten.

Erwähnenswert sind hier auch die Erfahrungen eines russischen Pilgers, festgehalten in den Büchern *Der Weg eines Pilgers* und *Der Pilger setzt seinen Weg fort*. Der Ursprung dieser Bü-

---

[8] Eine deutsche Ausgabe nur über das Herzensgebet erschien 2006, gesammelt und übersetzt von Matthias Dietz, mit einer Einleitung von Igor Smolisch, als *Kleine Philokalie – Betrachtungen der Mönchsväter über das Herzensgebet*, Patmos Verlag, Düsseldorf. – *Der Verlag*

cher liegt nach wie vor im Dunkeln. Deren Verfasser ist nicht bekannt, und wir wissen nicht genau, ob der Erzähler nur die wahre Geschichte eines anderen Menschen wiedergibt oder ob es der in Ich-Form gehaltene Bericht eines bestimmten Pilgers ist. Manche Zeitzeugen nehmen an, dass der Verfasser der russisch-orthodoxe Mönch Archimandrite Mikhail Kozlov (1826-1884) war.

Doch unabhängig von Ursprung und Absicht der faszinierenden Geschichte dieses anonymen Autors zählt die erzählerische Leistung zu den besten auf dem Gebiet der spirituellen Literatur. Der Pilger gehört zu jenen Menschen, die ihr Leben damit verbracht haben, Klöster auf dem Berg Athos und im Heiligen Land zu besuchen, um dabei durch das Herzensgebet Gott zu begegnen.

Dieser Pilger fand einen spirituellen Lehrer, der ihn als Schüler annahm und ihm nach und nach das Geheimnis fortwährenden Betens enthüllte. Er erhielt die Anweisung, zwei Wochen lang dreitausend Mal am Tag das »Jesusgebet« zu wiederholen, danach sechstausend Mal und schließlich zwölftausend Mal am Tag. Dieses Gebet lautet: *Herr Jesus Christus, erbarme dich meiner. Herr Jesus Christus, du Sohn Gottes, erbarme dich meiner. Herr Jesus Christus, du Sohn Gottes, hab Erbarmen mit mir Sünder.* Irgendwann konnte der Pilger das Gebet sozusagen ein- und ausatmen. Auf diese Weise erfuhr er die Kraft des göttlichen Lichts und ihm offenbarte sich das Geheimnis des Herzens.

Das Leben dieses Pilgers hatte sich nun völlig verändert. Oft zitierte er den Abschnitt des Evangeliums, in dem von den Vögeln in der Luft und den Lilien auf dem Felde die Rede ist. Er fühlte sich ganz und gar in Gottes Hand und eins mit Gott. Wenn diejenigen, die das Herzensgebet praktizieren, diesen Abschnitt des Buches lesen, ist es so, als tue sich im Herzen der Himmel der Ewigkeit auf.

Die neun Tugenden und die acht vorherrschenden Leidenschaften

Einer der Texte der *Philokalie*, verfasst vom Heiligen Gregor vom Sinai, weist darauf hin, dass sich diejenigen, die sich in der Gottesversenkung üben, die folgenden fünf Tugenden erarbeiten müssen:

1. Schweigen
2. Selbstbeherrschung
3. Wachsamkeit
4. Demut
5. Geduld

Anschließend erwähnt der Mystiker, dass es drei Gott wohlgefällige Übungen gibt:

1. Psalmodieren (Chanten)
2. Beten
3. Lesen

Der Heilige Gregor vom Sinai fügte als letzte Tugend für die körperlich Schwachen noch die Handarbeit hinzu. Offensichtlich sind alle neun Tugenden wesentlich für jeden, der sich in irgendeiner spirituellen Methode der Erleuchtung übt.

Wir müssen uns an dieser Stelle klarmachen, dass als die »körperlich Schwachen« jene Menschen bezeichnet wurden, die ihren Gedanken und ihren Verstand nicht kontrollieren konnten. Das ist ein wichtiges Thema, das in unterschiedlicher Weise in fast jedem Text der *Philokalie* auftaucht. Sankt Simeon der

Neue Theologe weist nachdrücklich darauf hin, dass wir keine Reinheit des Herzens erlangen können, wenn wir unseren Geist nicht überwachen. Nur durch Wachsamkeit kann man irgendeine der neun Tugenden erwerben. Deshalb müssen wir grundsätzlich Achtsamkeit und Absicht anwenden.

Der Meister fährt in seinen Ratschlägen fort, indem er uns auffordert, intensiv daran zu arbeiten, uns drei Dinge anzueignen. *Erstens:* alles, was uns widerfährt, zu respektieren, unabhängig davon, ob es uns vernünftig oder sinnlos vorkommt. *Zweitens:* uns um ein reines Gewissen zu bemühen, indem wir uns freundlich verhalten. *Drittens:* uns völlig von unserem Umfeld zu lösen, indem wir unsere Gedanken weg von allem Weltlichen lenken. Vor allem sollen wir jeden Konflikt oder Wettstreit meiden, damit unser Ego nach und nach schwinden kann.

Zum selben Thema äußert sich auch ein anderer berühmter Mystiker, Evagrios der Einsiedler. Er fordert uns dazu auf, ständig wachsam zu sein und uns vor den eigenen Gedanken zu schützen, während wir das Herzensgebet verrichten. Dann können wir unser Gebet vollenden und danach unsere Tätigkeiten in Ruhe und mit innerem Frieden fortsetzen. Der Meister erklärt, dass wir ein Gebet nicht reinen Herzens verrichten können, wenn uns materielle Dinge beschäftigen und uns ständig Sorgen zu schaffen machen.

Ein anderes wichtiges Thema schneidet der Heilige Gregor vom Sinai an: das der acht vorherrschenden Leidenschaften. *Unersättlichkeit, Habgier und Selbstbewusstsein* sind die drei wichtigsten. *Unkeuschheit, Zorn, Schwermut, Teilnahmslosigkeit und Hochmut* sind die fünf untergeordneten ungezügelten Gemütszustände.

Der Meister fordert uns auf, spezifische Verhaltensweisen zu entwickeln, um die acht vorherrschenden Leidenschaften in den Griff zu bekommen:

1. Großzügigkeit
2. Selbstbeherrschung
3. Demut
4. Reinheit
5. Sanftmut
6. Freude
7. Tapferkeit
8. Selbstherabsetzung

In Verbindung mit Glauben, Geduld, Liebe und den aufgeführten Tugenden sind diese spezifischen Verhaltensweisen sehr hilfreich und bringen uns unserem göttlichen Zustand einen großen Schritt näher.

Hinsichtlich der Ernährung raten alle Mystiker dasselbe: Ein Pfund Brot reicht für jeden aus, der einen Zustand der inneren Ruhe erreichen möchte. Darüber hinaus sagen sie, dass unsere Nahrung aus allem bestehen sollte, was gerade zur Hand ist, und nicht aus dem, wonach wir gieren. Die beste und kürzeste Leitlinie für die nach Spiritualität Suchenden bestehe darin, sich an eine gute Mischung aus Fasten, Wachsamkeit und dem Herzensgebet zu halten.

Die Methode von Simeon dem Neuen Theologen

Wenn ich durch das Herzensgebet Zugang zum Herzen erlange, wende ich ausgiebig die Methode Simeons des Neuen Theologen an, die klare und direkte Anweisungen enthält. Vor allem werden dabei Glauben und Geduld verlangt.

Wir sollten uns an dieser Stelle wieder Meister Lahiri Mahasayas Motto ins Gedächtnis rufen: »*Banat, Banat, ban jay!*« (Tun, tun, dann ist es eines Tages getan!)

Als Erstes will ich die Vorgehensweise beschreiben und dann über meine Erfahrungen damit berichten.

Zunächst müssen wir einen ruhigen Ort finden, an dem wir meditieren, beten oder spirituelle Übungen durchführen können. Es empfiehlt sich, möglichst immer denselben Ort zu wählen, denn wir laden ihn mit einer bestimmten Schwingung auf, die uns stets dabei hilft, uns schneller mit unserem Inneren Selbst zu verbinden.

Und dann müssen wir aufhören zu denken. Simeon der Neue Theologe sagt, dass wir unseren Geist von allem Wertlosen befreien müssen.

Anschließend lassen wir das Kinn auf der Brust ruhen und konzentrieren den Blick auf die Mitte unseres Bauches oder unseren Nabel. Unsere ganze Aufmerksamkeit richten wir einzig und allein darauf, ohne die Gedanken umherschweifen zu lassen.

Nun müssen wir für ruhigen Atem sorgen, indem wir sehr langsam und sanft atmen.

Während wir weiterhin auf den Bauch blicken und langsam atmen, schließen wir die Augen und beginnen, nach dem Platz des Herzens in uns zu suchen, wo, wie die Mystiker sagen, alle Kräfte der Seele sitzen.

Anfangs werden wir nur auf Dunkelheit und eine undurchdringliche Dichte stoßen. Doch wenn wir uns Tag und Nacht darin üben, werden wir dort auf wundersame Weise endlose Freude finden.

Sobald wir den Ort unseres Herzens ausgemacht haben, werden wir, wie der Meister sagt, Dinge sehen, die uns vorher gar nicht bewusst waren. Wir werden einen offenen Raum im Herzen wahrnehmen, der von Licht durchströmt und voller Erkenntnisse ist. Von diesem Augenblick an wird jeder eventuell auftauchende ablenkende Gedanke unverzüglich verschwinden, ehe er voll ausreifen kann.

Das Übrige werden wir, wie Simeon sagt, mit der Hilfe Gottes ganz von selbst lernen, sofern wir unseren Geist in Zaum halten und Jesus im Herzen bewahren. (Salopp formuliert: »Bleib in deinem Meditationsraum, und er wird dich alles lehren.«)

Wenn ich diese Methode anwende, versuche ich stets denselben Ort aufzusuchen, obwohl das wegen meiner ausgedehnten Reisen in aller Welt etwas schwierig ist. Doch selbst wenn ich mich allein in einem Übungsraum oder in meinem Hotelzimmer am anderen Ende der Welt aufhalte, kann ich diese Methode mühelos nutzen. Stets beginne ich mit einigen Dehnungsübungen, denn besonders anstrengend ist es, das Kinn über längere Zeit auf die Brust zu senken. Man muss Hals und Rücken vorher aufwärmen. Meistens praktiziere ich das Mahamudra, weil das eine sehr einfache und lohnende Technik des Hatha Yoga ist. Dann suche ich mir eine bequeme Position, meistens in der halben Lotus-Stellung, in der ich meinen Rücken gerade halten, mein Kinn aber trotzdem auf der Brust ruhen lassen kann. Ein paar Minuten richte ich den Blick auf meinen Nabel, danach beginne ich, immer langsamer zu atmen. Ich atme dabei so sanft ein und aus, dass ich in meinem Bauchraum kaum noch eine Bewegung wahrnehmen kann.

Innerhalb von zehn oder fünfzehn Minuten schwindet mein Atem fast ganz. Dann schließe ich behutsam die Augen und versuche den Ort des Herzens zu finden. Das ist nicht so schwierig, wie es scheint, denn eine der Wirkungen des vorangegangenen Schrittes (des sanften Ein- und Ausatmens) besteht darin, dass man den eigenen Herzschlag wahrnimmt. Ich kann ihn tatsächlich spüren.

Nun wird das Pulsieren des Herzens immer stärker, und das macht es mir leichter, den Ort des Herzens zu finden und meine Aufmerksamkeit darauf zu richten.

Während ich den Herzschlag als innere Schwingung spüre, die dem Summen einer Biene ähnelt, geschieht etwas Weiteres: Innerhalb des Herzens erkenne ich einen offenen Raum, der von starkem Licht durchflutet ist. Ich kann keine spezifische Quelle dieses Lichts ausmachen, denn es kommt aus allen Richtungen. Von diesem Punkt an versiegen alle ablenkenden Gedanken und ein göttlicher Friede durchdringt mein ganzes Sein.

Die Methoden des Mönchs Nikephoros

Andere Methoden, zum Herzen zu gelangen, stammen von dem Mönch Nikephoros. Dieser Mystiker nutzte dazu zwei Möglichkeiten: die *Atemmethode*, eine Technik, die häufig von den Meistern aus Tibet und dem Himalaya angewendet wurde, und die *Methode der Konzentration auf das Herz*.

Als Erstes möchte ich die *Atemmethode* vorstellen und danach über meine Erfahrungen damit berichten. Nikephoros empfiehlt uns nachdrücklich, einen Meister oder Lehrer zu finden, der uns auf dem spirituellen Weg anleiten kann, damit wir leichter Zugang zum Herzen erlangen. Er fordert uns auf, sorgfältig und fortwährend nach einem spirituellen Führer zu suchen. Hat das keinen Erfolg, müssen wir uns von unseren weltlichen Bindungen lösen, uns Gott zuwenden und damit beginnen, die Übungen allein durchzuführen.

Wie bei den bereits vorgestellten Methoden müssen wir als Erstes einen ruhigen Ort finden, an dem wir meditieren, beten und unsere spirituellen Übungen durchführen können. Auch in diesem Fall empfiehlt es sich, immer denselben Ort zu nutzen, da wir ihn mit besonderen Schwingungen aufladen, die

Der Mönch Nikephoros (1197-1272)

uns bei unseren Übungen helfen. Danach müssen wir unsere Gedanken konzentrieren und sie zu den Atemwegen leiten, durch die unser Atem ins Herz gelangt.

Dabei müssen wir mehr und mehr Druck auf unsere Gedanken ausüben und sie zwingen, zusammen mit unserem Atem ins Herz zu strömen. Der Mystiker sagt, dass sich unser Denken, sobald es im Herzen angekommen ist, mit der Seele vereint und uns dann unbeschreibliche Freude erfüllt.

Wir müssen unser Denken dazu erziehen, das Herz nicht allzu schnell wieder zu verlassen, denn anfangs wehrt sich das Denken dagegen, sich in dieser Weise einschränken zu lassen. Doch wenn es sich erst einmal daran gewöhnt hat, dort auszuharren, will es sich gar nicht mehr aus dem Herzen lösen. Danach verlieren alle äußerlichen Dinge an Bedeutung und werden an den Rand gedrängt. Wenn es uns nach den ersten Versuchen gelungen ist, mit unserem Denken ins Herz einzudringen, sollten wir Gott danken und diese Übung beharrlich und für längere Zeit fortsetzen.

Mir gefällt diese Methode wirklich sehr gut. Vor Nikephoros hatte schon Buddha sie mit seinen Schülern praktiziert. Die Meister aus Tibet und dem Himalaya wenden sie immer noch an. Buddha riet seinen Schülern, sich zu jeder Tageszeit darin zu üben, besonders aber vor dem Einschlafen. Sie hilft dabei, aus dem Herzen heraus zu träumen, und die Träume sind dann rein, also nicht durch negative Gedanken verunreinigt.

Ich praktiziere diese Methode gern an einem ruhigen Ort – sofern möglich, mitten in freier Natur. Aber man kann sie überall anwenden. Manchmal mache ich das während meiner Reisen sogar im Flugzeug, und auch das klappt sehr gut.

Anfangs versuche ich ein paar Minuten lang, mein Atemmuster zu erspüren, ohne es zu verändern. Unabhängig davon, ob ich tief oder flach atme oder mein Atem vielleicht sogar kurz aussetzt, beobachte ich ihn, ohne einzugreifen.

Dann versuche ich, meine Gedanken dem Atemfluss folgen zu lassen, so wie ein Blatt der Strömung eines Flusses folgt. Hin und wieder ist das nicht ganz einfach, weil mein Denken versucht, sich vom Atemfluss zu lösen und ihm zu entkommen. Auf dem spirituellen Weg liegt der Schlüssel zum Erfolg tatsächlich darin, mit Achtsamkeit und Intention vorzugehen sowie die eigenen Gedanken zu beobachten und zu überwachen, genau wie die Mystiker gesagt haben.

Nachdem ich durch das Einatmen in mein Herz gelangt bin, empfinde ich solches Glück und solche Freude, wie es sich in Worten gar nicht ausdrücken lässt. Mein Denken hat sich mit meiner Seele vereint und mich erfüllen Frieden und innere Harmonie.

Doch ich muss mich auch weiterhin auf mein Denken konzentrieren, damit es das Herz nicht zu schnell verlässt. Bei dieser Übung neigt das Denken nämlich, wie gesagt, dazu, vom Herzen ins Gehirn zurückzukehren.

Doch irgendwann verlieren alle äußerlichen Dinge ihre Bedeutung. Ich löse mich völlig davon und empfinde nur noch inneren Frieden. Stets spreche ich dann ein Gebet und danke Gott.

Die zweite Methode, Zugang zum Herzen erlangen, die ebenfalls von dem byzantinischen Mystiker Nikephoros stammt, ist die der *Konzentration auf das Herz*. Der Meister rät uns, diese Methode dann anzuwenden, wenn wir trotz aller Übungen mit der *Atemmethode* nicht ins Herz gelangen konnten.

Als Erstes müssen wir dabei alle Gedanken vollständig aus unserem Kopf verbannen. Dann konzentrieren wir uns auf den Brustkorb, das heißt auf den Platz des Herzens, und sprechen unablässig das »Jesusgebet«: *Herr Jesus Christus, erbarme dich meiner. Herr Jesus Christus, du Sohn Gottes, erbarme dich meiner. Herr Jesus Christus, du Sohn Gottes, hab Erbarmen mit mir Sünder.*

Wenn wir uns weiter auf das Herz konzentrieren und das Gebet ständig wiederholen, öffnet sich unser Herz nach einiger Zeit und wir können dann mühelos die erste Technik, die *Atemmethode*, anwenden, um ins Herz zu gelangen.

Wie Nikephoros uns mitteilt, werden uns genau in diesem Moment alle von uns ersehnten Gaben wie Liebe, Freude und innerer Frieden zuteil werden.

Ich empfinde diese Methode als sehr leicht und angenehm. Als ich sie das erste Mal ausprobierte, wurde mein Verstand nach wenigen Tagen völlig ruhig und gelassen und mich verließen alle störenden Gedanken.

Besonders in Indien und Tibet ist diese Methode in Verbindung mit verschiedenen Gebeten und Mantras weit verbreitet.

Der große Kriya-Meister Lahiri Mahasaya benutzte sie und stimmte das Gebet dabei auf die jeweilige Gruppe von Schülern ab, die er unterrichtete. Während er in einer Gruppe das Vasudeva-Mantra *Om Namo Bhagavate Vasudevaya* sprechen ließ, war es in einer anderen Gruppe das *Lâ Ilâha Illâ Allâh*.

Ich selbst setze oft das tibetische Gebet der Liebe und des Friedens ein: *Ich bin reine Liebe und Glückseligkeit und befinde mich in Licht und Frieden.*

Diese Methoden helfen mir zu begreifen, dass zwischen dem Beten mit dem Kopf und dem Herzensgebet ein riesiger Unterschied besteht. In einem der folgenden Kapitel erläutere ich, auf welche Weise die modernen Wissenschaften bereits aufgezeigt haben, dass das Herz eine große Anzahl von Hirnzellen enthält. Das verleiht dem Herzen die Fähigkeit, über das Gehirn hinweg Entscheidungen zu treffen. Im Grunde haben wir also ein Gehirn im Herzen!

Während ich diese Übungen durchführte, war für mich eine andere Entdeckung sogar noch wichtiger: die Entdeckung, dass es ein ewiges Jetzt gibt, eine immerwährende Existenz. Meine Achtsamkeit hatte eine so starke Bindung an mein Inneres bewirkt, dass mich nichts Äußerliches mehr ablenken konnte.

Die neun Stufen des Betens der Heiligen Teresa von Ávila

Eines der wichtigsten Werke zum Herzensgebet hat uns die berühmte spanische Mystikerin und Heilige Teresa von

Teresa von Ávila (1515-1582)

Ávila hinterlassen, die den Orden der Karmeliterinnen reformierte. Sie gilt als eine der bekanntesten Theologinnen des kontemplativen Gebets. Ihre Lehren haben ihren Ursprung in der persönlichen Erfahrung und vervollständigen ihre Tradition des Hesychasmus.

Zwar habe ich ihre Methode nicht genau in der Abfolge benutzt, wie sie in ihren Lehren beschrieben wird, doch oft führten mich meine Meditationen, mein Chanten oder meine Gebete zu ähnlichen Erfahrungen.

Die Heilige Teresa erklärt, dass es neun Stufen des Betens gibt, allerdings nicht neun verschiedene Techniken, wie Übungsteilnehmer häufig annehmen. Sobald wir mit dem kontemplativen Gebet begonnen haben, durchlaufen wir einzelne Stufen, bis wir auf der höchsten Bewusstseinsebene ankommen.

Unter Verwendung verschiedener Meditationsmethoden konnte ich auf natürliche Weise Zugang zum Herzen erlangen und später noch einen besonderen Zustand ausmachen, den die Mystikerin in ihren Lehren beschrieben hat.

Der Heiligen Teresa von Ávila nach gibt es die folgenden neun Stufen des Betens:

1. Mündliches Gebet
2. Meditation
3. Emotionales Gebet
4. Aktive Rückbesinnung
5. Eingegebene Rückbesinnung
6. Gebet der Stille
7. Gebet der Einheit
8. Gebet der ekstatischen Vereinigung
9. Gebet der transformierenden Vereinigung

Unten folgt eine kurze Beschreibung jeder Stufe, damit deutlicher wird, wie diese Stufen uns dabei helfen können, eine Verbindung zu unserem Herzen herzustellen.

 Mündliches Gebet
Die Heilige Teresa empfiehlt Anfängern als Erstes diese Stufe. Wir wählen ein Mantra oder ein Gebet aus, das in uns tiefe Hingabe und große Leidenschaft entfacht, und fangen an, es zu wiederholen. Die spanische Mystikerin teilt uns mit, dass dies die Tür ist, durch die wir die »innere Burg« betreten.

 Meditation
Auf einige Zeit des mündlichen Betens folgt eine Stufe, auf der wir gegen Ablenkungen und Störungen ankämpfen. Dabei müssen wir manchmal kurz innehalten und das Mantra oder Gebet so lange wiederholen, bis wir inneren Frieden finden.

 Emotionales Gebet
Das ist die Stufe, auf der wir unser Herz finden. Es zeigt sich sehr deutlich. Wir empfinden inneren Frieden und Freundlich-

keit und können ein inneres Licht sowie eine innere Schwingung wahrnehmen und spüren.

Aktive Rückbesinnung
Auf dieser Stufe setzt sich das Gebet oder Mantra auf natürliche Weise fort. Wir fühlen uns wie in Trance und alles ringsum erscheint uns wie ein Traum.

Eingegebene Rückbesinnung
Hier spüren wir nach und nach tatsächlich die Gegenwart Gottes in unserem Inneren. Es ist die Stufe, auf der wir fühlen, wie die göttliche Gnade Einzug in unser Herz hält.

Gebet der Stille
Das ist die erste Stufe des fortgeschrittenen Gebets. Unsere Erinnerungen verblassen allmählich und wir spüren, wie die persönliche Wahrnehmung Gottes unsere Seele und unseren Körper durchdringt. Diese Phase wird auch als erste Stufe des mystischen Gebets bezeichnet.

Gebet der Einheit
Hier werden all unsere inneren Eigenschaften von Gott eingenommen. Unsere Erinnerung und Vorstellungskraft sind vollkommen von göttlicher Gnade erfüllt. Die Intensität dieser mystischen Erfahrung ist unbeschreiblich.

Gebet der ekstatischen Vereinigung
Die letzten beiden Stufen – die ekstatische Vereinigung und die transformierende Vereinigung – sind die tiefsten Phasen des mystischen Gebets. Bei der ekstatischen Vereinigung fühlen wir uns, als befänden wir uns auf einem berauschenden Flug. Manchmal steigt unser Körper dabei im wahrsten Sinne des Wortes in den Raum auf. Hin und wieder löst sich die Seele

auch von selbst aus dem Körper. Dieses Erlebnis ist so tiefgreifend, dass man sich wünscht, es würde niemals enden.

Gebet der transformierenden Vereinigung
Viele Mystiker setzen diese letzte Stufe des mystischen Gebets mit einer »mystischen Hochzeit« gleich. Es ist der höchste Grad der Vollendung, den man in diesem Leben erreichen kann. Die Seele geht dabei ganz und gar in dem EINEN auf und man empfängt bedingungslose göttliche Liebe. Die Mystiker sagen, dass unsere Seele dabei die Heilige Dreifaltigkeit – den allmächtigen Vater, den ewigen Sohn und den unendlichen Geist (die Mutter) – vollständig in sich aufnimmt.

Von der dritten Stufe bis zur letzten hat unser Herz die Vorherrschaft. Ich konnte die Gegenwart Gottes in meinem Inneren spüren. Die »Rückbesinnung« ist eigentlich die Erinnerung daran, wer wir in Wahrheit sind.

Es gibt zwei verschiedene Arten der Rückbesinnung, und die spanische Mystikerin bemüht sich, uns zu beiden Hinweise zu geben. Auf der vierten Stufe, der »aktiven« Rückbesinnung, fühlte ich mich fast betäubt – so wie in einer Trance. Danach, auf der fünften Stufe, der »eingegebenen« Rückbesinnung, empfing ich göttliche Gnade.

Die letzten vier Stufen lassen sich beim besten Willen nicht in Worte fassen. Es sind mystische Phasen, in denen ich manchmal kurz ahnte, was die »mystische Hochzeit«, die Einheit mit dem Göttlichen, bedeutet.

In diesen Phasen empfand ich innerlich auch einen starken, aber ekstatischen Schmerz. Hin und wieder verlor ich dabei das Bewusstsein und wurde fast ohnmächtig. Es kam auch vor, dass ich minutenlang nicht atmete.

Meine Augen füllten sich dann mit Tränen und das Erlebnis war so intensiv, dass ich mich beinahe so fühlte, als hätte ein

Pfeil mein Herz durchbohrt. Der Schmerz war süß, zugleich aber auch heftig. Ich vermied es, Nahrung zu mir zu nehmen, damit das Erlebnis nicht plötzlich endete. In dieser Phase könnte ich mein Leben lang ausharren und einfach nur die göttliche Gnade in meiner Seele genießen.

8

Die Meister der Herzmetaphorik

In meinen anderen Büchern *Hier & Jetzt* sowie *Traumbilder des Herzens* habe ich ausführlich über meine Erfahrungen mit den beiden Meistern der Herzmetaphorik oder der »Traumbilder des Herzens«, Karma Dorje und Tenzin Dhargey, berichtet. Beide Bücher enthalten wertvolle Informationen über die Geschichte der Herzmetaphorik, angefangen von der adamischen Rasse bis zur Gegenwart. Darüber hinaus umfassen die Texte eine Fülle von Übungen und Meditationen, die auch jeder durchführen kann, der noch keine spirituellen Erfahrungen hat.

Karma Dorje und Tenzin Dhargey verglichen uns mit Kreisen ohne Mittelpunkt und sagten oft, die Menschen in dieser Welt seien oberflächlich.

Wenn wir uns im Zentrum des Kreises befinden, so die Meister, befinden wir uns im Gleichgewicht. Wir sind dann »kunchen« – *all*wissend. Doch die Menschen dieser Welt leben nur an der Peripherie des Kreises. Sie reden und reden und reden und ihre Worte sind nicht authentisch, denn diese Menschen sind ohne jeden Mittelpunkt. Ihr ganzes Bewusstsein ist außengelenkt, sie bewegen sich in der äußeren Welt, nicht in der inneren. Ihre Worte haben keine Bedeutung, doch ihr Verstand ist immerzu beschäftigt und hält niemals inne, nicht einmal, wenn sie schlafen, denn dann träumen sie von anderen Menschen. Selbst wenn sie schlafen, denken sie an andere. Wenn sie allein sind, spuken immer noch Hunderte von Leuten in ihrem Kopf herum und sie befinden sich inmitten einer Menschenmenge. Wenn sie reden, kann man ihre Worte vielleicht verstehen, doch sie sagen nichts aus.

Die Meister teilten mir oft mit, nur im Tiefschlaf befänden wir uns in unserer Mitte – wenn wir überhaupt nicht träumen. Doch andererseits sind wir dann auch nicht bei Bewusstsein. Also sind wir im Grunde nur bei Bewusstsein, wenn wir uns am Rande des Kreises befinden. Das jedoch heißt, dass wir uns nur selten in unserer Mitte befinden. Und selbst dann sind wir nicht bei Bewusstsein. Wir sind wie lebende Tote. Am Rande des Kreises kann man das Leben nie kennenlernen. Man kann es nur in der Mitte, im Kern kennenlernen – dann, wenn wir uns im Herzen befinden.

Zugang zum Herzen durch Herzmetaphorik

Eine der leichteren Methoden, Zugang zum Herzen zu erlangen, ist die Herzmetaphorik. Vor allen schwierigeren Übungen in dieser Bildsprache gaben mir die Meister Karma Dorje und Tenzi Dhargey gewöhnlich erst einmal eine leichte Übung auf, durch die ich mich vom Gehirn zum Herzen bewegen sollte. Sie teilten mir mit, dass man sich diese Methode auf völlig natürliche Weise aneignet und besonders Kinder sie mühelos erlernen.

Hier eine kurze Zusammenfassung der Vorgehensweise:
Wähle als Erstes eine bequeme Körperhaltung mit geradem Rücken. Dann schließe die Augen und atme drei Mal aus. Nun atme normal ein und danach tief und langsam durch den Mund aus. Sieh beim Ausatmen zu, wie all deine Probleme, Fragen, Sorgen und inneren Konflikte dich mit dem Ausatmen verlassen und verschwinden. Danach atme wieder normal ein und aus.

Jetzt erkenne, fühle und spüre, dass du dich in einem großen Haus befindest. Stell dir einen Raum ganz oben im Haus vor; es ist der Raum des Gehirns. Eine Wendeltreppe führt von der Raummitte (und der Mitte deines Gehirns) nach unten – in die Mitte deines Brustkorbs.

Steige ganz bewusst diese Treppe hinunter.

Wenn du in der Mitte deines Brustkorbs ankommst, verlasse die Treppe und wende dich langsam nach links.

Dort befindet sich eine Tür, die in dein Herz führt. Du kannst dir dabei jede Art von Tür vorstellen.

Öffne die Tür und trete in dein Herz ein. Denke daran, die Tür wieder hinter dir zu schließen.

Jetzt erkenne, fühle und spüre die Kraft und Liebe, die von deinem Herzen ausgeht.

Wenn du den Abschnitt über diese Methode drei oder vier Mal liest und sie dann ausprobierst, wird es dich verblüffen, wie einfach es ist, Zugang zum Herzen zu bekommen.

Ich möchte an dieser Stelle ein paar Empfehlungen für diese Übung geben, besonders für den Fall, dass du sie zum ersten Mal durchführst.

Wenn du dich erst einmal im Herzen befindest, wirst du Bilder, Orte, Welten und Gesichter dir bekannter und unbekannter Menschen erblicken. Um sicherzugehen, dass du dich wirklich im Herzen befindest und es dir nicht nur einbildest, kläre, ob das Licht im Inneren des Herzens polarisiert ist oder nicht.

Das ist ein sehr einfacher Schritt. Wenn das Licht polarisiert ist, wie im Gehirn, können wir deutlich die Schatten von Gegenständen oder Menschen erkennen. Das liegt daran, dass es eine Lichtquelle gibt: die Sonne. Nur wo Licht ist, ist auch Schatten. Doch das Licht im Herzen ist nicht polarisiert und es gibt dort keine Schatten.

Meiner Meinung nach ist das die leichteste Methode, Zugang zum Herzen zu bekommen. Selbst wenn es beim ersten Mal nicht klappt, wird es dir, wenn du deine Übungen vor allem in Verbindung mit der Herzmetaphorik fortsetzt, bald gelingen, die aus deinem Herzen strömende Liebe und Harmonie wahrzunehmen. Während vieler Workshops zu den Traumbildern des Herzens haben Hunderte von Menschen aus der ganzen Welt offenbart, auf welche Weise sie dabei ihr Herz wahrnehmen und spüren konnten.

Eine der häufigsten Offenbarungen ist die, dass unser Herz ein ganzes Universum enthält.

Es ist wirklich erstaunlich zu sehen, wie einfach und schön es ist, aus dem Herzen heraus zu leben.

9

Die heilige Flamme der Liebe

Vor fast dreißig Jahren hatte ich die seltene Gelegenheit, Verbindung mit einer der ältesten Kulturen auf diesem Planeten aufzunehmen, während ich nach dem Ort suchte, an dem die adamische Rasse ihr letztes Domizil hatte. Er liegt im Kopet-Dag-Gebirge, das sich in Turkmenistan und dem Iran über fünfhundert Kilometer weit erstreckt. Ich hatte vor, den höchsten Gipfel des Iran zu erklimmen – den 3.191 Meter hohen Gipfel des Berges Quchan. Nach Angaben der tibetischen Meister war dies nämlich der letzte Ort, an dem die adamische Rasse lebte, ehe sie sich aufgespalten und verschiedene Richtungen eingeschlagen hatte, um der Menschheit zu einer höheren Stufe des Bewusstseins zu verhelfen.

Nach meinem Aufenthalt im Kopet-Dag-Gebirge landete ich irgendwann auf der gegenüberliegenden Seite Irans: in Bergdörfern der Provinz Zandschans östlich von Teheran. Die Häuser waren buchstäblich in den Berg eingebettet. Als ich dort ankam, hatte ich das Gefühl, eine Zeitreise gemacht zu haben. Man lud mich ein, an einem uralten zoroastrischen Ritual teilzunehmen. Ich kam mir dabei vor, als befände ich mich in einer Welt, die vor zweieinhalbtausend Jahren existiert hat.

Bei den Einwohnern dieser Dörfer brennt immer noch bei Tag und bei Nacht das Feuer Zoroasters (oder Zarathustras). Ich fragte sie, warum sie Feuer bei ihren Meditationen und Gebeten verwendeten. Sie erklärten, dass dieses Feuer eigentlich das zweifache Licht repräsentiert, das von der Sonne stammt, sowie das einheitliche Licht, das man im Herzen finden kann.

Ehe ich das Heiligtum Zoroasters betrat, wusch ich mich mit reinem, kristallklarem Quellwasser. Von allen, die dort eintreten, verlangt man, sich vorher mit Wasser zu reinigen. In der Mitte des Heiligtums brannte das heilige Feuer. Ich schloss mich dem Kreis von Menschen an, die in das Feuer blickten, das seit zweieinhalbtausend Jahren ununterbrochen brannte.

Während ich das Feuer beobachtete, spürte ich die Gegenwart Zoroasters, des Propheten und spirituellen Meisters, der jene Werte erfasst hat, die uns bis heute heilig sind. Lange vor anderen Meistern belehrte uns Zoroaster über das Höchste Wesen. Das Tag und Nacht brennende Feuer symbolisiert eine Flamme der Liebe zum Leben.

Die Mystiker und der Tanz des Herzens

Der wichtigste Moment meines Besuchs kam, als man mich einlud, bei dem ekstatischen Tanz *Sama* der Sufi-Derwische mitzumachen – sozusagen als Einführung in dieses uralte Ritual. Mir waren viele Geschichten über diesen mysti-

Der Berg Quchan – im Vordergrund der Schrein von Soltan Zirabeh

schen Tanz und über die Derwische, die dem geheimen Mevlevi-Orden angehörten, zu Ohren gekommen. Deshalb nahm ich die Einladung voller Freude an. Die geheimen Treffen der Bruderschaft finden in Zentren statt, die man als *Hanavah* bezeichnet. Viele werden immer noch tagtäglich von örtlichen Behörden geschlossen.

Der Raum war voller Männer unterschiedlichen Alters. Ich wusste, dass sie Sufi-Derwische waren und das Ritual, an dem ich teilnehmen durfte, den Männern vorbehalten war. Allerdings erzählte man mir, dass Frauen ähnliche Rituale hätten, bei denen keine Männer zugelassen seien.

Mein Freund teilte mir mit, dass die tanzenden Derwische an die Existenz von zwei Welten glaubten: an die der physischen oder sichtbaren Welt und an die virtuelle oder unsichtbare Welt. Er erklärte, dieser Tanz werde mir dabei helfen, mühelos von einer Welt in die andere zu gleiten. Die Derwische glauben, dass wir, um in die unsichtbare Welt zu gelangen, im Stadium der Erleuchtung ankommen müssen, in dem wir die Stimme Gottes hören können.

Der *Sama*-Tanz (*Sama* bedeutet hören) hilft den Derwischen dabei, einen Zustand der Ekstase zu erreichen – das *Wajd*, wie die Sufi-Meister ihn nennen. Wörtlich bedeutet *Wajd* das Finden. Demnach kann man die Göttlichkeit in sich selbst finden, indem man der Musik zuhört und zum Rhythmus der Derwische tanzt.

In der Mitte des großen kreisförmigen Raums saß der Meister, ein älterer Mann mit langem weißen Bart. Wir verneigten uns vor ihm, um ihm unsere Achtung zu bezeugen, und bildeten im Sitzen einen großen Kreis um ihn. Nach einer langen Phase der Meditation standen wir auf und versammelten uns erneut zu einem großen Kreis. Im Hintergrund begann leise Musik zu spielen. Mehrere Männer stimmten Sprechgesänge an, wobei einige zugleich geschickt auf Handtrommeln schlugen.

In einem anderen Teil des Raums stand der Vortänzer. Drei Mal gingen wir an ihm vorbei, tauschten dabei Grüße mit ihm aus und bildeten danach den Tanzkreis. Der Tanz wurde vor allem mit dem rechten Fuß ausgeführt und wurde ständig schneller. Mit ineinander verschränkten Armen bewegten wir uns im Kreis, während die Musik lauter wurde und der Rhythmus treibender. In einem weiteren Teil des Tanzes neigten wir die Köpfe und bewegten nur die Oberkörper. Während die Derwische tanzten, schwang ihr langes Haar vor und zurück – ich kam mir vor wie in einem Traum.

Ohne Unterbrechung tanzten wir mehr als eine Stunde lang. Manche Derwische bewegten sich so mühelos, dass ich den Eindruck hatte, sie schwebten über dem Boden. Später bestätigte mir mein Freund, dass ich mir das nicht nur einbildete.

Während sich der Rhythmus der Trommeln beschleunigte, gerieten wir in einen Zustand der Trance. Einige von uns traten in eine Phase der Meditation ein, andere schwebten oder

Tanzender Sufi-Derwisch

wirbelten weiter im Tanz herum. Jetzt befanden wir uns im Stadium der Ekstase, des *Wajd*. Ich zog mich von den anderen zurück, schloss die Augen und begann zu meditieren. Während des Tanzes hatte ich sofort Zugang zu meinem Herzen gefunden, deshalb setzte ich auf diese Weise die magische Reise ins Unendliche fort.

Wie Rumi, der Gründer des Mevlevi-Ordens, sagt, sind wir alle Lichtfunken im Universum. Für Rumi ist *Sama* die Nahrung der Seele. Er sagt, dass die tanzenden Derwische die Sonne und die darum kreisenden Planeten repräsentieren. Doch während sie die Sonne umkreisen, tauchen sie auch in ihren eigenen

Mikrokosmos ein, schaffen dabei neue Welten und nehmen Verbindung mit dem unendlichen Geist auf.

Tatsächlich schien es so, als befänden wir uns zwar an der Erdoberfläche, doch als stellten wir im Tanz die Choreografie des Kosmos dar und folgten seinem Rhythmus. Zugleich hatten wir eine innere Verbindung mit einem uralten, von der Menschheit vergessenen Bewusstsein. Unsere Füße mögen Bodenhaftung gehabt haben, aber unsere Seelen verschmolzen mit dem Kosmos. Nach der Mevlevi-Philosophie begreifen die Derwische durch diesen Tanz die Möglichkeit einer ewigen Existenz der Seele, denn während der Körper noch Bodenberührung hat, lösen sich der Geist und die Seele aus den irdischen Fesseln.

Ich habe von einer Theorie gehört, die den rituellen Tanz als Chance deutet, sich mit den kosmischen Kräften und der Ewigkeit zu vereinigen. Dieselbe Theorie geht davon aus, dass die Kreisbewegung Bezug zu drei verschiedenen Bewegungen innerhalb des menschlichen Körpers hat. Die erste davon ist die Bewegung der Elektronen, die zweite die der Moleküle und die dritte die der Zellen. Demnach haben die Elektronen Verbindung mit den Emotionen, die Moleküle mit der Intelligenz oder dem Verstand und die Zellen mit der Körperlichkeit und dadurch mit der Erde.

Während ich mich am *Sama*-Tanz beteiligte, konnte ich erkennen, spüren und fühlen, dass sich tatsächlich drei Bewegungen in unseren Körpern vollzogen, und zwar gleichzeitig. Nach dem Tanz hatte ich Gelegenheit, die Derwische nach diesen Bewegungen zu fragen, und alle bestätigten deren Existenz. Wir alle, nicht nur ich, hatten sie wahrgenommen.

Als Erstes merkte ich, dass die ständige Bewegung des Körpers eine Bewegung der Zellen innerhalb des Körpers erzeugt. Das Tempo des Tanzes schafft eine innere Harmonie, die zu einer höheren Bewusstseinsebene führt. Zugleich aktiviert die Bewegung des Kopfes die Zirbeldrüse und nach und nach auch das Zirbeldrüsenchakra in der Gehirnmitte. Folglich wurde auch mein Drittes Auge unverzüglich aktiviert. Nach zehn- oder fünfzehnminütigem Tanz erwachte obendrein die Kundalini ganz unten an der Wirbelsäule. Es kam mir so vor, als krabbelten Ameisen an meinem Rücken hoch – ein angenehm prickelndes Gefühl, verbunden mit einem Geräusch, das einem Peitschenknall ähnelte.

Wenn diese drei inneren Bewegungen gleichzeitig auftreten, verlagert sich der Geist auf völlig natürliche Weise ins Herz. Bei mir dauerte es nicht einmal zehn Minuten, bis ich die Wirkung aller drei Bewegungen spürte und Zugang zum Herzen hatte.

10

Das Chakra der bedingungslosen Liebe

Es gibt eine weitere Möglichkeit, Zugang zum Herzen zu erlangen, die die tibetischen Meister Karma Dorje und Tenzin Dhargey oft benutzen. Sie erzählten mir, diese Methode sei besonders für Übende geeignet, die die wichtigsten energetischen Zentren des Menschen, die Chakren, kennen und nutzen. Diese Methode nennt man den *Weg reiner Liebe*, weil er mit dem Herzchakra verbunden ist, das für bedingungslose Liebe steht.

Karma Dorje und Tenzin Dhargey erklärten, dass wir zwei Hauptchakren des Herzens haben (siehe die folgende Abbildung). Das erste Hauptchakra, das der bedingungslosen Liebe, liegt in der Körpermitte innerhalb der mit Lebensenergie gefüllten Pranaröhre auf der Ebene des unteren Endes vom Brustbein, also am kleinen Schwertfortsatz. Das zweite ist darüber in der Mitte des Brustkorbs angesiedelt. Die Meister bezeichnen es als Chakra der Emotionen.

Beide Chakren spielen für die Energie menschlicher Körper eine wichtige Rolle. Das Chakra der Emotionen muss man jedes Mal wieder ins Gleichgewicht bringen, wenn man ein emotionales Problem, einen Konflikt oder eine Meinungsverschiedenheit hat, denn so etwas bereitet uns Stress und macht uns wütend. Dieses Chakra ist der Sitz emotionaler Traumata und wir müssen es fortwährend reinigen, bis all diese intensiven Emotionen verschwunden sind. Den tibetischen Meistern zufolge werden wir früher oder später erkranken und unser physischer Körper wird sehr leiden, falls wir nicht irgendeine Methode zur Reinigung des Chakras der Emotionen anwenden.

Den spirituellen Suchern rate ich dringend, sich von den emotionalen Traumata zu befreien, bevor sie sich auf die Suche nach göttlicher Gnade auf die innere Reise begeben, um sich zu erinnern, wer sie in Wahrheit sind. Dafür gibt es verschiedene Methoden. Die einfachsten Heilmethoden sind Techniken der Wiedergeburt und Übungen, die in den Workshops über die Traumbilder des Herzens gelehrt werden.

Eine wichtige Rolle spielen die drei Sphären der Energie (siehe folgende Abbildung), die das Nabelchakra, das Chakra der bedingungslosen Liebe und das Zirbeldrüsenchakra in der Gehirnmitte umgeben. Diese Sphären sind wahre Energiereserven und mit der Pranaröhre verbunden, die senkrecht mitten durch den Körper verläuft.

Es gibt verschiedene Wege, diese drei Sphären mit Prana zu versehen. Die üblichen Methoden, der unteren Sphäre – der Nabelsphäre – Energie zuzuführen, sind die uralten chinesischen Übungen des Qigong oder des Tai Chi. Sie kräftigen und stärken die Lebenskraft.

Der leichteste Weg, der mittleren Sphäre Energie zuzuführen, ist der durch die Pranaröhre. Atme die Lebenskraft ein, bis du erkennst, spürst oder fühlst, dass die Sphäre sich mit Energie gefüllt hat.

Die drei Sphären der Energie: Pranaröhre, Merkaba und Leonardo-Sphäre

Die obere Sphäre (der »Heiligenschein«) wird aktiviert, sobald das Dritte Auge aktiviert wird. Auch dafür gibt es verschiedene Möglichkeiten, doch ich rate meinen Schülern, damit erst zu beginnen, wenn sich ihr Geist ins Herz verlagert hat.

Natürlicher Zugang durch das Herzchakra

Der intuitive Zugang zum Herzen beginnt mit einer gründlichen Säuberung von emotionalen Traumata und quälenden, beunruhigenden Erfahrungen, die wir im Leben gemacht haben. Alle Meister, denen ich bislang begegnen und mit denen ich bis heute zusammenarbeiten durfte, haben dasselbe gesagt: Der beste Weg, sich von diesen Erfahrungen zu reinigen, besteht darin, allen Menschen zu vergeben, mit denen wir Konflikte oder Zerwürfnisse hatten.

Das mag schwierig und manchmal sehr anstrengend sein, aber wenn man den Menschen, mit denen man Reibungen und Spannungen hatte, vergibt, reinigt es von allen bis dato bestehenden negativen Gefühlen, die unseren Geist durch unnötige, Energie verzehrende Gedanken ablenken.

Wenn wir das Gefühl haben, den Weg freigemacht und allen Menschen vergeben zu haben, mit denen wir Streit hatten oder die uns verletzt haben, sind wir bereit, auf dem intuitiven Weg des Herzchakras der bedingungslosen Liebe Zugang zum Herzen zu finden.

Sobald wir uns von allen negativen Gedanken gelöst haben, sind die einzelnen Schritte dazu leicht durchzuführen.

Als Erstes müssen wir uns von der Gehirnmitte, wo das Zirbeldrüsenchakra sitzt, zum Halschakra unten an der Kehle be-

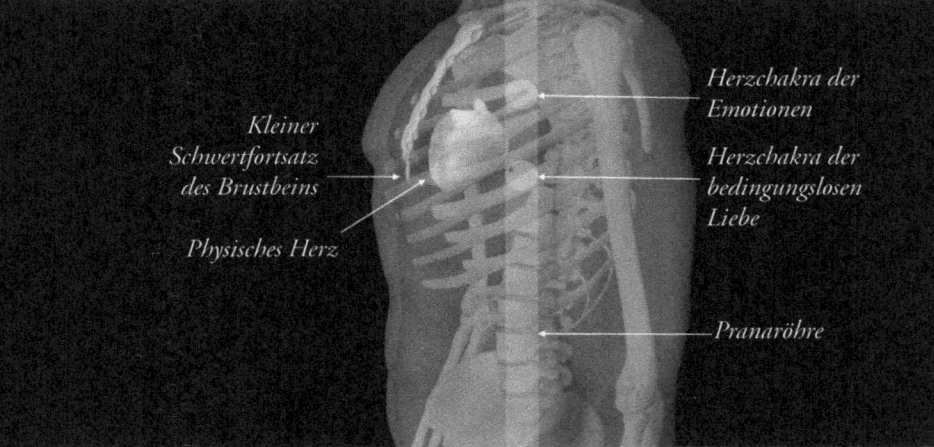

Die Lage der beiden Herzchakren im Brustkorb

wegen, danach zum oberen Herzchakra (dem Chakra der Emotionen), das sich ziemlich genau auf Höhe der Thymusdrüse befindet, und schließlich bis zum unteren Herzchakra, dem Chakra der bedingungslosen Liebe.

Von dort aus müssen wir uns von unserem Inneren Selbst oder dem Höheren Selbst zum Herz führen lassen. Das physische Herz liegt leicht links vor diesem Chakra. Deshalb müssen wir unsere Aufmerksamkeit in diese Richtung lenken. Wir verbinden unsere Aufmerksamkeit mit nachdrücklicher Absicht und werden so bald ins Herz gelangen. Manchmal braucht man dazu zahlreiche Versuche, doch wenn wir uns erst einmal an diese Methode gewöhnt haben, erscheint uns ihre Anwendung irgendwann wirklich leicht und ganz natürlich.

11

Die Weisheit der Ureinwohner

Sie sagen, wir seien ihre »jüngeren Brüder und Schwestern«, und sie haben recht damit. Wir nennen sie »Ureinwohner« oder »Aborigines«. Immer noch tragen sie die Weisheit ihrer Vorfahren in sich und haben sie über Jahrtausende hinweg bewahrt, ohne sie abzuwandeln. Sie brauchen keine Rezepte und Tabletten, um gesund zu bleiben. Sie brauchen keine Uhren, die ihnen die Zeit anzeigen. Sie brauchen keine Wettervorhersage, um zu wissen, dass es bald regnen wird oder ein Sturm aufzieht. Über die Anordnung der Planeten und die Bewegungen jedes Himmelskörpers innerhalb unseres Sonnensystems wissen sie genau Bescheid, ohne dass sie dazu ein Teleskop oder einen künstlichen Satelliten benötigen. Immer noch verwenden sie den präzisesten Kalender. Immer noch sind sie hier und leben in Frieden und Eintracht mit Mutter Erde.

Vor allem in den beiden Amerikas, Australien und Neuseeland versuchen die Ureinwohner die Schätze dieses Planeten und ihre Wertorientierungen zu bewahren und zu beschützen. Diese Werte liegen in der Achtung von Tieren und der Natur und in einem Leben in Harmonie mit dem Universum. Die Kogi in Kolumbien, die Mayas in Yucatán, die Waitaha in Neuseeland, die Hopi in Arizona, die Tibeter im Himalaya-Gebirge und andere sind die Menschen, deren Vorfahren auf dem alten Kontinent gelebt und die sich später über die ganze Welt verteilt haben.

Ihre Weisheit und ihr Wissen sind von unschätzbarem Wert und als Gegengewicht zu der aus dem Gleichgewicht geratenen Lebensweise von uns übrigen wesentlich. Leider hat sich die Mehrheit von ihnen stillschweigend in die Wälder, Dschungel und Berge zurückgezogen, als diese Menschen sahen, wie sehr wir der Mutter Erde Zerstörungen antun, und damit auch uns selbst. Und trotzdem haben sie uns nicht aufgegeben und abgeschrieben. Sie lieben uns, weil wir im wahrsten Sinne des Wortes ihre jüngeren Brüder und Schwestern sind.

Ich hatte viele Begegnungen mit verschiedenen Kulturen von Ureinwohnern, die mir wesentliche Informationen darüber vermittelt haben, wie wir leben sollten, um ein inneres Gleichgewicht zu erlangen und in Eintracht mit Mutter Erde zu leben. In allen Kulturen von Ureinwohnern redet man von *Mutter Erde* und *Vater Universum*. Manche sprechen auch von *Unserem Vater Sonne* oder *Vater Galaktische Sonne* sowie von *Unserem Höheren Selbst*, dem *Inneren Selbst* oder dem *Inneren Führer*.

Die Ureinwohner erklären, dass wir zwar biologische Eltern haben, aber auch kosmische oder göttliche Eltern. Nach dem, was sie wissen, sind unsere göttlichen Eltern die *Göttliche Mutter Erde*, der *Göttliche Vater Universum* sowie unser *Göttliches Höheres Selbst*.

In vielen Kulturen steht der *Göttliche Vater Universum* in unmittelbarer Beziehung zur Sonne. Einige Kulturen verbinden den *Göttlichen Vater Universum* aber auch mit dem Netz des *Vereinten*

Bewusstseins, das unseren Planeten umgibt und eine für uns lebenswichtige Rolle dabei spielt, uns vor kosmischen Strahlen, Sonneneruptionen und kosmischem Massenauswurf zu schützen, den die Sonne hin und wieder ins Sonnensystem abgibt.

Große Kulturen der Ureinwohner, beispielsweise die der Mayas, benutzen immer noch akkurate kosmische Kalender, die ihnen viele Informationen über das Verhalten der Sonne und der sie umgebenden Himmelsplaneten oder Himmelskörper vermitteln.

Im Dezember 2012 war ich Teil einer Gruppe, die Verbindung mit Ältesten der Mayas in Mexiko aufnahm. Wir besuchten damals die Pyramiden in Yucatán und hatten unverhofft Gelegenheit, uns mit einigen der überaus weisen Menschen zu treffen, die in den abgelegenen Regionen Mexikos leben.

Mich verblüffte das große Interesse der Mayas an unserer Bildung und dem Grad unserer Erleuchtung. Ich sprach mit Don Pedro Pablo Chuc Pech, dem Oberhaupt des Ältestenrates der Itza-Mayas, und er zeigte mir eine Schule, in die die Mayas Menschen aus aller Welt einladen, um ihnen dort ihre Weisheit und ihr Wissen zu vermitteln.

Die Lehrer, die in einem abgeschiedenen Dorf in Yucatán leben, zählen zu den weisesten Ältesten der Mayas. Sie haben sich dazu entschlossen, ihr ganzes Wissen mit uns zu teilen – angefangen von der eigenen Achtsamkeit und dem Verständnis von Mutter Erde bis zu den kosmischen Zyklen des Universums und unseres Sonnensystems.

Wenn ihr mehr über dieses Projekt erfahren, Unterstützung anbieten oder euch ihm anschließen möchtet, wendet euch bitte an mich, damit ich euch Einzelheiten darüber mitteilen kann.

Es ist höchst bemerkenswert, in welcher Weise Ureinwohner überall in der Welt Initiativen dazu ergreifen, uns bei der erneuten Verbindung mit der Natur und dem Universum zu unterstützen.

Zugang zum Herzen durch die Erdmethode

Niemals in der Menschheitsgeschichte war es wichtiger als heute, sich wieder mit Mutter Erde zu verbinden. Die Ureinwohner warnen uns derzeit davor, dass es für die Menschheit zu spät sein könnte, wenn wir es nicht *jetzt* tun. Schwer zu sagen, was »zu spät« bedeuten könnte. Die Ureinwohner wissen auch nicht genau, was in den nächsten paar Jahren passieren könnte, aber sie fühlen und spüren, dass die Menschheit völlig aus dem Gleichgewicht geraten ist und sich wieder mit unserem Planeten verbinden muss.

Ureinwohner oder Indigene führen in der Regel niemals Übungen oder Rituale, Meditationen oder spirituelle Dinge durch, wenn sie sich nicht vorher mit Mutter Erde verbunden haben. Manche von ihnen – zum Beispiel die Kogi-Priester in Kolumbien, die man dort als *Mamas* bezeichnet (in ihrer Sprache bedeutet *Mamas* Sonne) – wenden sich uns von ihrem Standort mitten in der Natur aus zu. Oft gehen sie barfuß und erden sich auf diese Weise, während sie reden.

Alle Ureinwohner kennen ein uraltes Geheimnis: Wenn wir uns mit dem Herzen der Erde verbinden, können wir auf völlig natürliche Weise Zugang zu unserem Herzen bekommen. Sie sagen, das sei ganz leicht.

Als Erstes suchst du dir einen Platz mitten in der Natur, an dem du dich entspannen kannst, schließt die Augen und atmest rhythmisch aus und ein. Es soll ein ruhiger Ort sein, an dem du die Vögel singen hören und spüren kannst, wie ein leichter Wind über deine Haut streicht. Vielleicht hörst du dort auch, wie das Quellwasser leise ins Tal rinnt oder wie Wellen ans Ufer schlagen. Es muss nur irgendein Ort sein, an dem du dich ent-

Don Pedro Pablo Chuc Pech, Oberhaupt des Ältestenrates der Itza-Mayas, und Daniel Mitel am 21. Dezember 2012 in Yucatán, Maya-Land, Mexiko

spannt fühlst und die Natur ringsum genießen kannst. Du kannst dort ruhig barfuß gehen, damit deine Sohlen sanft den Erdboden oder das Gras berühren können.

Während du dich entspannst, lass die Augen geschlossen und versuche dein Herz in der Mitte des Brustkorbs zu erspüren. Verlangsame dein Atmen und lausche auf den Herzschlag. Spüre die Liebe zu diesem Ort, zur Mutter Erde.

Lass zu, dass diese Liebe in dir wächst. Dann erkenne, spüre und fühle, wie ein Lichtstrahl von deinem Herzen zum Herzen von Mutter Erde, dem Mittelpunkt der Erde, führt. Lass all deine Liebe durch diesen Lichtstrahl zum Herzen von Mutter Erde fließen. Spüre und erkenne im wahrsten Sinne des Wortes, wie Wellen von Liebe und Licht von deinem Herzen zum Herzen von Mutter Erde strömen.

Richte alle Achtsamkeit und Aufmerksamkeit auf diesen Vorgang, dann wirst du bald Mutter Erdes Erwiderung wahrnehmen. Es ist, als strömte eine warme Wolke aus Licht von unten herauf – zunächst durch deine Füße, dann weiter nach oben, bis sie jedes Atom deines Körpers durchdringt.

Diese Energie beruhigt deine Gedanken und Erinnerungen. Du fühlst dich geschützt und vor jeglicher Gefahr sicher. Deine kosmische Mutter hilft dir und beschützt dich.

Es kann sein, dass diese mächtige Schwingung noch Stunden in dir nachwirkt. Oder sogar Tage, sofern du dich gern in der freien Natur aufhältst oder dort tätig bist.

12

Die Yogis des Himalaya

Die Randgebiete des Kathmandutals gehören zu den wundervollsten Anblicken, die unsere geliebte Mutter Erde uns bietet. Als ich durch Dhulikhel kam, ein kleines nepalesisches Dorf am östlichen Rand des Kathmandutals südlich des Himalayas, bewunderte ich die fast überirdisch schönen und geheimnisvollen Orte, die dieses berühmte Gebiet umgeben. Swami Vivekananda und Paramahansa Yogananda zählen zu den gefeierten Meistern, die auf ihrer Suche nach einer Begegnung mit den mystischen Yogis des Himalaya durch diese Gegend zogen.

Ich gelangte von der tibetischen Grenzstadt Kodari aus in das Gebiet und wollte in das Dorf Ugratara Jamagal in der Bagmati-Zone im zentralen Nepal, als ich mich – nach einigen seltsamen und unerklärlichen Vorkommnissen – einer Gruppe von Brahminen, Daliten und Tamangen anschloss, die diese Gegend bewohnen.

Was anschließend geschah, war ebenso geheimnisvoll wie verblüffend. Der Bus, in dem ich saß, ließ sich plötzlich nicht mehr vorwärtsbewegen. Es war, als hätte eine unsichtbare Hand den Motor in der Mitte der staubigen Straße gestoppt. Auch der Fahrer stand vor einem Rätsel, stieg verblüfft aus und starrte den Motor hilflos an.

In seiner Verwirrung sagte er immer wieder: »Mit dem Motor stimmt doch alles! Wieso startet er denn nicht?« Schließlich teilte er uns mit, er müsse einen Automechaniker anrufen, der würde den Motor dann überprüfen. Nun stiegen wir alle mit unserem Gepäck aus, spazierten umher und versuchten eine andere Möglichkeit zu finden, nach Ugratara Jamagal zu kommen.

Die Sonne brannte so heiß, dass ich mich nach einer Möglichkeit umsah, irgendwo eine Flasche Wasser zu kaufen. Ich blieb vor einem kleinen Kiosk mitten im Dorf stehen und kramte ein paar Rupien hervor. Ein alter Brahmine saß in Lotus-Stellung neben dem Kiosk und rezitierte Anrufungen und Lita-

Blick auf die Stadt Dhulikhel im Kathmandutal

neien aus der uralten Rigveda. Er sah mich lange an und fragte mich dann plötzlich in perfektem Englisch: »Warum gibst du Münzen für Wasser aus, das nicht lebt?«

Ich sah dem alten Mann in die Augen und spürte eine sonderbare Energie durch meine Stirnmitte strömen.

»Gleich wird hier eine Gruppe von Brahminen, Daliten und Tamangen vorbeikommen. Schließe dich doch einfach der Gruppe an und gehe mit ihr zum Wasser des Lebens«, schlug der alte Mann lächelnd vor und blickte mich mit seinen großen Augen an. Seine Augen leuchteten so, als schimmerten darin zwei starke Lichter.

Tatsächlich kam kurz darauf eine Menschengruppe an uns vorbei. Der Alte ermutigte mich, zu der Gruppe zu stoßen. Ohne um Erlaubnis zu bitten oder irgendetwas zu erklären, schloss ich mich der Gruppe an und folgte ihr auf der Straße. Niemand sagte irgendetwas. Mir war, als hätte ich schon immer zu dieser Gruppe gehört.

Als wir uns in Bewegung setzten, hörte ich seltsamerweise in der Ferne den Bus starten. Ich wusste, dass es zu spät war, um noch einzusteigen, doch das war mir sowieso egal.

Als wir loszogen, wandte ich den Kopf noch einmal dem alten Mann zu, der mich nach wie vor beobachtete. Er nickte mir leicht zu, wie zum Zeichen der Unterstützung und des Vertrauens. Ich konnte seine Liebe zu mir spüren, so als wäre er mein Vater oder älterer Bruder. Tief im Herzen wusste ich, dass wir vor langer Zeit denselben Weg eingeschlagen hatten.

Das heilige Wasser von Dhulikhel

Wir waren mehr als eine Stunde lang einen Pfad in dem imposanten Gebirge entlanggelaufen, als der vorangehende Mann plötzlich stehen blieb und danach zu mir kam. Sehr höflich teilte er mir mit, mein Weg sei hier zu Ende. Tatsächlich konnte ich rechts vom Pfad Quellwasser sehen, das hinunter ins Tal floss.

Ich dankte ihm von ganzem Herzen dafür, dass er mich hierher geführt hatte. Das erwiderte er mit einem Lächeln und sagte, es sei ihnen eine Ehre gewesen, mich zu diesem Ort zu bringen. Während die Gruppe sich zurückzog, wandte er sich mir noch einmal zu und sagte: »Man erwartet dich.«

Ich begriff nicht, was er damit meinte, doch mittlerweile hatte ich mich schon so an Situationen wie diese gewöhnt, dass ich nicht mehr nachhakte. Ich hatte gelernt, meinem inneren Führer zu folgen.

Ich ging zu der Quelle und begann daraus zu trinken. Vielleicht habt ihr schon von diesem berühmten Wasser in Dhulikhel gehört, aber es ist ein einmaliges Erlebnis, es zum ersten Mal zu kosten.

Wenn man es trinkt, spürt man die unvorstellbare Kraft dieses Wassers. Das reine, kristallklare Wasser von Dhulikhel im Himalaya ist wirklich einzigartig. Man kann wirklich spüren, dass es lebendig ist. Es strömt wie eine Sturzflut von Lebensenergie mit unglaublicher Wirkung durch den Körper. Man fühlt sich dabei erfrischt und wie neugeboren. Man will nicht mehr *gehen*, sondern am liebsten *rennen* und *springen*, fühlt sich voller Kraft.

Eine Weile saß ich nur da und sah zu, wie das glitzernde Quellwasser zwischen den Felsen tanzte. Plötzlich spürte ich einen Ruf, eine Sehnsucht, ein Begehren, das aus der Umgebung zu mir drang. Ich stand auf und entdeckte zu meiner Verblüffung links hinter mir eine kleine Öffnung im Berg, die sich als Höhle entpuppte. Es war, als zöge mich ein Magnet unwiderstehlich dorthin, und ich trat ein.

Die Höhle kam mir so vertraut vor, als wäre ich vor langer Zeit schon einmal hier gewesen. Die undurchdringliche Dunkelheit, die in ihr herrschte, machte mir nichts aus. Mit einem liebevollen Gefühl strich ich über die Wände, als wäre ich nach einer langen Reise heimgekehrt. Die Mauern waren überraschend glatt und weich. Es war angenehm, deren Oberfläche zu berühren. Aus dem Inneren drang der wunderbare Duft von Jasmin und Rosmarin. Ich fühlte mich gelassen und völlig unbeschwert.

Zugang zum Herzen durch das Dritte Auge

Intuitiv merkte ich, dass sich ein Mensch in der Höhle aufhielt. Das lag nicht daran, dass sich jemand in der undurchdringlichen Dunkelheit bewegt hätte. Vielmehr spürte ich eine starke Energiewelle aus dem Inneren der Höhle nach außen fließen. Sie vermittelte mir eine Botschaft, und mir war klar, dass diese Botschaft von jemandem in der Höhle kam. Obwohl ich vor mir nichts erkennen konnte, trat ich weiter in den Raum hinein und vertraute dabei auf meine Intuition. Nach drei oder vier Metern blieb ich stehen, denn ich bemerkte eine kleine Bodenerhebung vor mir.

Zwischen mir und meiner Umgebung fand irgendeine Art von Kommunikation statt, doch sie vollzog sich in meinem Inneren, und zwar nicht in meinem Gehirn, sondern in der Herzgegend, vielleicht auch im Herzen selbst.

Es kam mir so vor, als befände sich ein unsichtbarer Sprecher in meinem Brustkorb, der mir Botschaften übermittelte. In meinem Inneren bat mich eine klare, warme Stimme auf sehr sanfte und mir vertraute Art, auf der kleinen Bodenerhebung Platz zu nehmen. Ich hörte zu und machte es mir in halber Lotus-Stellung darauf bequem. Dabei merkte ich, dass die Erhöhung in Wirklichkeit ein großer runder Stein mit einer kleinen Vertiefung war – ein perfekter Platz für die halbe Lotus-Stellung. Ich setzte mich mit gekreuzten Beinen in die Vertiefung.

Kurz darauf begann ich den Meister zu sehen. Das Sehen in dieser Höhle war ganz anders, als ich es gewöhnt war. Uns umgaben Wellen verschiedener Farben – vor allem waren es grüne, blaue, violette und indigofarbene Wellen. Zwischen den Farben funkelten unzählige kleine Lichtpunkte. Ich fühlte mich wie von allem losgelöst oder so, als schwebte ich zwischen den Sternen im Universum.

Inmitten dieser regenbogenfarbenen Wellen spürte und sah ich die Umrisse eines Körpers in Lotus-Stellung. Zwar hatte ich den Eindruck, dass der Meister in einem Meer von Farben und Energie dahinglitt, doch schließlich merkte ich, dass er auf einem riesigen Stein unmittelbar vor mir saß. Der Stein war deutlich größer als meiner, denn die Beine des Meisters befanden sich auf der Höhe meiner Brust.

Er kommunizierte mit mir durch den »kleinen Sprecher« in meiner Herzgegend. Ich konnte die Stimme in meinem Inneren hören. Während meines Aufenthalts in dieser Höhle drang aus unseren Mündern nicht ein einziger Laut. Unsere Seelen verschmolzen in einem unendlichen Strudel der Energie und der Liebe. Wir reisten durch Welten und Universen, die weit entfernt lagen, jenseits unserer Dimension. Zeit und Raum existierten nicht mehr. Wir waren vereint in den unermesslichen, grenzenlosen Dimensionen des allmächtigen Gottes. Später spürten wir wieder die Grenzen unserer Körper. Wir waren in die Höhle zurückgekehrt und nahmen die Energie ringsum wahr.

Wir waren Mutter Erde dankbar für diese großartige gemeinsame Reise und sprachen geistig eine Weile miteinander. Der Meister beantwortete mir viele Fragen, die mich schon lange beschäftigt hatten. Anschließend forderte er mich zu einer besonderen Meditation auf, die mir helfen würde, wie er sagte, in meinem Herzen zu bleiben. Ich werde sie an dieser Stelle Schritt für Schritt erläutern.

Diese Meditation ist überhaupt nicht schwer durchzuführen. Die einzige Vorbedingung besteht darin, für eine ähnliche Umgebung wie meine im Himalaya zu sorgen. Das heißt, man sollte sich einen ruhigen Ort suchen und alle Lichter löschen. Die Dunkelheit hilft einem dabei, sich mühelos zum Herzen zu bewegen und das innere Licht zu nutzen.

Als Erstes musst du die Augen schließen, selbst wenn du im Dunkeln sitzt, und anfangen, rhythmisch zu atmen. Während du dein Einatmen und Ausatmen überwachst, löse dich nach und nach von all deinen Gedanken und Sorgen, Ängsten und Problemen. Lege deine Handflächen nach ein paar Minuten sanft auf deine geschlossenen Augen und lass zu, dass sie deine Augäpfel berühren. Die Berührung muss so vorsichtig sein, dass du sie kaum spürst – und auch ganz leicht, wie die einer Feder oder von Seide. Es sollte eher ein Gefühl als eine wirkliche Berührung sein.

Wenn du es richtig anstellst, gerät die Energie in deinem Inneren in Bewegung. Sie strömt in dir zurück. Beginnt die Energie sich in diesem Bereich zu sammeln, fühlt sich das an, als würdest du die Tür deiner Augen schließen; das geschieht im Bereich des Dritten Auges. Das liegt zwischen deinen Augen, auf der Stirnmitte und zugleich im Mittelpunkt deines Gehirns. Sofort wirst du die Leichtigkeit im Bereich der Augen, des Gesichts und des Kopfes spüren. Du wirst dich leicht wie eine Feder fühlen, da die Energie, die zurückströmt, sich im Bereich zwischen deinen Augen bewegt und dann in dein Herz fließt.

Nun solltest du dich fühlen, als würdest du vom Boden abheben – so, als gäbe es keine Schwerkraft. Du solltest spüren, wie Leichtigkeit in dein Herz einzieht. Dein ganzer Körper wird sich entspannen und dein Atmen sich im Einklang mit deinem Herzschlag verlangsamen.

Du solltest versuchen, deine Handflächen mindestens eine halbe Stunde lang auf den Augäpfeln zu lassen. Doch denk daran, dass die Berührung unbedingt leicht sein muss. Du darfst keinen Druck auf deine Augäpfel ausüben. Denk auch daran, dass deine Hände kein Gewicht haben dürfen. Falls du das mehr als eine halbe Stunde lang schaffst, wird deine Energie ständig von deinen Augen zum Herzen fließen.

Anfangs wird es nur ein Sickern sein, aber wenn du dich fortwährend darin übst – drei Monate lang Tag für Tag –, wird aus dem Sickern ein Wasserfall werden, der in dein Herz strömt. Die Leichtigkeit wird dein Herz durchdringen, und das Herz wird sich öffnen. Denke daran, dass nichts Schweres ins Herz eindringen darf, nur Leichtigkeit. Diese Energie der Leichtigkeit ist wie ein Sturzbach, der von den Augen ins Herz strömt, und das Herz öffnet sich ihm. Innerhalb von drei Monaten wirst du dich im Herzen befinden und spüren, dass du ins Zentrum des Universums treibst.

13

Das Paradox

Meine Reise hatte schon vor langer Zeit begonnen. Während ich so häufig über den unendlichen Geist und den ewigen Zyklus von Reinkarnationen meditierte, erkannte ich, dass ich mich ständig darum bemühen musste, Zugang zur heiligen Kammer des Herzens zu erlangen und mein Leben aus dem Herzen heraus zu führen. Ich probierte die in diesem Buch beschriebenen Methoden dafür alle aus und nutzte sie voller Eifer und leidenschaftlicher bedingungsloser Liebe.

Ich habe wirklich zahlreiche Orte auf der wunderschönen Mutter Erde besucht und über die endlosen Möglichkeiten gestaunt, die der menschliche Geist hat, sich wieder mit dem Herzen zu verbinden. Ich habe dafür keine Lieblingsmethode, allerdings gefallen mir die sanften Methoden der weiblichen, intuitiven Energie am besten. Besonders geht es mir so seit 2012, als Mutter Erde von der männlichen Energie zur weiblichen wechselte. Es liegt auf der Hand, dass wir die leichteste Methode für die Verbindung mit dem Herzen nutzen müssen, und das ist die weibliche.

Es ist schon ein Paradox, dass wir jetzt zwar am Anfang des weiblichen Zeitalters leben, man aber den Frauen an einigen Orten der Welt und in verschiedenen spirituellen Schulen noch immer nicht erlaubt, an den spirituellen Übungen von Männern teilzunehmen. Mir sind verschiedene Begründungen dafür bekannt, dennoch bin ich davon überzeugt, dass wir alle dieselben Chancen und Möglichkeiten haben sollten, alle Methoden anzuwenden, die zur Erhöhung unserer Bewusstseinsebene beitragen.

Ein weiteres Paradox besteht darin, dass die meisten Methoden, die Männer dort anwenden, wo Frauen von der Teilnahme ausgeschlossen sind, intuitiver, weiblicher Art sind. Das steht in absurdem Widerspruch zu unserer natürlichen Lebensweise, denn heutzutage spielt die weibliche Lebenskraft die wichtigste Rolle in unserer Evolution. Wenn wir diese Tatsache nicht begreifen lernen und weiterhin wider unsere natürliche Entwicklung handeln, werden wir mit Sicherheit einen hohen Preis dafür bezahlen.

Ich habe viele spirituell Suchende in der ganzen Welt kennengelernt, Männer wie Frauen, die verschiedene Übungen praktizieren, diese neue Energie jedoch nicht zulassen wollen und verwerfen. Das hemmt ihre Arbeit, führt zu Kummer und Leidensdruck. Die logische, männliche Seite ihres Wesens hält sie in einem künstlichen Spannungszustand, der früher oder später ein unausgewogenes, instabiles Energiefeld in ihrem Umfeld erzeugen wird.

Die Arbeit an diesem Buch verlangte von mir, meine Energie durch weibliche Energie auszugleichen, das heißt ins Gleichgewicht zu bringen. Ich schrieb das Buch in der Natur, in enger Verbindung mit Mutter Erde und mit meinem Herzen. Häufig umgaben mich dabei Tiere und Vögel. Sie gesellten sich zu mir, als sei ich ein ganz selbstverständlicher Teil dieser Natur. Die Bäume schützten mich vor der heißen Sonne und dem kalten Regen.

Das Verfassen dieses Buches war eine einzigartige Erfahrung. Im wahrsten Sinne des Wortes vollzog ich jede Methode noch einmal nach, während ich sie mir ins Gedächtnis rief.

Zugang zum Herzen durch Achtsamkeit und Intention

Hier möchte ich euch eine Methode vorstellen, die ich während der Meditation mit drei Meistern erlernte. Die Meister waren *Thoth*, der zu höheren Ebenen aufgestiegene atlantisch-ägyptische Meister, dann *Anastasia*, die große sibirische Meisterin, und *Babaji*, der unsterbliche Mahavatar aus dem Himalaya.[9]

Diese Methode bezieht unsere ganze innere Energie ein, sowohl die männliche als auch die weibliche. Sie umfasst nicht nur das Herz, sondern auch das Gehirn und das Atmen, und ist von den Besonderheiten dreier Meister geprägt: von der Weisheit und dem Wissen Thoths, der Kraft und Energie Anastasias und der Sanftheit und Beherrschtheit Babajis.

Als Erstes musst du eine bequeme Körperhaltung finden, in der du dich nicht anspannst, jedoch den Rücken gerade hältst.

Entspanne nun die folgenden drei Spannungspunkte: die Augenbrauen, die Schultern und die Hüften.

Schließe die Augen und beginne rhythmisch zu atmen.

---

[9] Im April 2018 ließ Daniel Mitel die Teilnehmer eines seiner Workshops wissen, dass Anastasia bei Seminaren, die er in Russland gehalten hat, schon zweimal überraschend aufgetaucht ist. Sie interessiert sich sehr dafür, wie er Menschen auf der ganzen Welt hilft, in ihre Herzen zu kommen und ihr Allerheiligstes zu finden. – *Der Verlag*

Dann beobachte deine Atmung, ohne in sie einzugreifen. Verfolge einfach dein Ein- und Ausatmen, ohne es zu verändern. Entspanne jetzt deinen Kopf und lass das Kinn sanft auf die Brust sinken. Konzentriere dich drei, vier Sekunden lang auf den Frontallappen deines Gehirns. Neige deinen Kopf um etwa neunzig Grad zur linken Schulter, bis sich das linke Ohr über der linken Schulter befindet. Nun richte die Aufmerksamkeit drei bis vier Sekunden lang auf die linke Seite deines Gehirns. Lege deinen Kopf zurück, als blicktest du zum Himmel auf. Richte deine Aufmerksamkeit drei, vier Sekunden lang auf die Rückseite deines Gehirns, auf den Hinterkopf. Neige den Kopf zur rechten Schulter, bis sich dein rechtes Ohr darüber befindet. Richte deine Aufmerksamkeit nun drei, vier Sekunden lang auf die rechte Gehirnseite.

Dann bewege den Kopf in die erste Position zurück, bei der dein Kinn zur Brust geneigt war. Damit vollendest du das Kreisen deines Kopfes. Konzentriere dich nun drei, vier Sekunden lang erneut auf die Stirnseite deines Gehirns. Dann strecke deinen Rücken und fokussiere dich auf die Mitte deines Gehirns. Dort befindet sich das Chakra der Zirbeldrüse.

Wiederhole diesen Vorgang 12, 24 oder auch 36 Mal.

Jetzt beobachte deine Atmung, das Ein- und Ausatmen, und befehle ihr, sich zu verlangsamen. Du befiehlst wortwörtlich: »Verlangsame dich«, »verlangsame dich«, verlangsame dich ...«

Nach wenigen Sekunden wird sich dein Atmen verlangsamen, und du kannst nun deinen Herzschlag wahrnehmen, entweder als Geräusch oder als körperliches Gefühl.

Lausche sorgfältig auf deinen Herzschlag und stelle dir vor, dein Herz hätte sich in vier Bereiche aufgespalten: in den vorderen, den linken, den hinteren und den rechten Teil. Erspüre außerdem das Zentrum deines Herzens in der Mitte dieser vier Abschnitte, die du vor Augen hast.

Jetzt lausche wieder auf deinen Herzschlag oder erspüre ihn. Achte bei jedem Herzschlag auf jeden der vier Herzbereiche und zugleich auf den Mittelpunkt des Herzens und wiederhole für jeden Bereich das tibetische Seelen-Mantra: *Ich bin reine Liebe und Glückseligkeit. Ich bin in Licht und Frieden.*

Das machst du folgendermaßen:
Beim ersten Herzschlag konzentrierst du dich auf den vorderen Herzbereich und sprichst im Inneren das Wort *Ich*. Stell dir das Wort im vorderen Herzbereich vor, erblicke es dort!

Beim zweiten Herzschlag konzentrierst du dich auf die linke Herzseite, sprichst im Inneren das Wort *bin* und stellst es dir in der linken Hälfte des Herzens vor.

Beim dritten Herzschlag konzentrierst du dich auf den hinteren Bereich des Herzens, sprichst im Inneren das Wort *reine* und stellst es dir im hinteren Herzbereich vor.

Beim vierten Herzschlag konzentrierst du dich auf die rechte Herzseite, sprichst das Wort *Liebe* und stellst es dir in der rechten Hälfte des Herzens vor.

Nun erspüre den fünften Herzschlag und richte deine Aufmerksamkeit wieder auf die Vorderseite des Herzens. Sprich geistig das Wort *und* aus und stelle es dir in der Vorderseite des Herzens vor.

Beim sechsten Herzschlag konzentrierst du dich auf das Innere deines Herzens und vollendest damit den ersten Teil der Übung. Richte die Aufmerksamkeit auf den Mittelpunkt des Herzens zwischen den vier Abschnitten, sprich das Wort *Glückseligkeit* und stelle es dir dort vor.

Nun setzt du diese Übung mit dem zweiten Teil des Mantras *Ich bin in Licht und Frieden* auf die gleiche Weise fort.

Wiederhole die Übung nach zwölf Herzschlägen, und zwar so lange, bis du im Zentrum deines Herzens Wärme und Leichtigkeit spürst.

Nach dreißig oder auch sechzig Minuten dieser Meditation – es hängt von der Zeit ab, die dir zur Verfügung steht – wirst du dich im wahrsten Sinne des Wortes in dein Herz fallen lassen können, direkt ins Zentrum seiner vier Abschnitte.

Und dann wirst du, wie mir die drei Meister mitteilten, herausfinden, wer du in Wirklichkeit bist.

14

Der innere Kampf

Einen speziellen Teil meines Lebens widme ich täglich einer Beschäftigung, die ich besonders liebe: Übungen in der Kampfkunst. Jenseits aller Schwarzen Gürtel, die ich in den langen Jahren des Trainings erworben habe, jenseits aller Medaillen und Pokale, die ich als Teenager bei Wettbewerben gewann, treibt mich immer noch etwas dazu an, mich in diesen Techniken zu üben. Man mag annehmen, es ginge bei der Kampfkunst nur um das Kämpfen, doch noch wichtiger als die gelernten Abläufe und die vielen Stunden des Schwitzens ist die Tatsache, dass diese Übungen einen *verändern*.

All meinen Lehrern und Meistern bin ich dankbar dafür, dass ich bei ihnen etwas Wesentliches verstehen lernte: Kampfkunst bedeutet, einen inneren Kampf auszutragen. Wenn man sich selbst kennenlernt und es schafft, den Energiefluss in die richtige Richtung zu lenken, kann man es darin zur Meisterschaft bringen.

Es beginnt mit körperlichen Übungen, mit Hunderten und Tausenden sich wiederholender Bewegungen – Bewegungen der Hände und Beine, des Unterkörpers und der Körpermitte, des Kopfes und des Halses. Es sind Bewegungen, die den Einsatz der Muskeln und den Trainingsablauf in eine spezifische Richtung lenken: Man lernt dabei, wie man sich durch Anwendung der wirksamsten Techniken selbst verteidigt und Gegenangriffe durchführt.

Irgendwann ist es dann so, als vollführte man mit seinem Trainingspartner einen Tanz. Bei der Kampfkunst ist der Partner kein Gegner. In Wirklichkeit ist er oder sie der beste Freund, die beste Freundin in der Welt, weil er oder sie dir zeigen kann, wie du deine Fehler am besten korrigierst.

Nach Jahren des Trainings führt der Meister die Schüler nach und nach in den spirituellen Teil ein: in die Meditation am Schluss der Übungen. Nach Stunden der Bewegungen und des Schwitzens im *Dojo* folgt das Beste: einige Minuten der Meditation, in denen du dich buchstäblich wie im Auge des Sturms fühlst. Alle Müdigkeit, alle Turbulenzen sind jetzt vergessen, denn nun begibt man sich in einen Zustand des inneren Friedens und der Gelassenheit. Plötzlich spürt man den Wirbel von Energie in seinem Umfeld. Man befindet sich jetzt im Zentrum des Kreises.

Von einer Position des inneren Gleichgewichts und der Liebe aus kann man sich selbst und alles ringsherum beobachten und den Energiestrom in jede gewünschte Richtung lenken, die zu einem Wohlgefühl führt.

Ich rate allen Eltern dringend, ihren Kindern die Teilnahme an Kampfsportarten oder zumindest an einigen Übungen der Kampfkunst zu erlauben. Beispielsweise umfasst *Tai Chi Chuan* Bewegungen, die die inneren Organe – Herz, Leber, Lungen, Milz – stärken. Eine englischsprachige Liste mit Erklärungen für jede Bewegung und die betroffenen Organe findet man auf meiner Website.[10]

---

[10] Nachzulesen auf www.danielmitel.com/tai-chi-forms/.

Daniel Mitel beim Tai Chi Chuan

Es geht also nicht um das Kämpfen an sich, sondern um Selbsterkenntnis. Es ist ein innerer Kampf. Falls du diesen Kampf gewinnen kannst, werden sich die Herausforderungen der Außenwelt auf sehr elegante Weise lösen lassen.

Kampfkünste schaffen einen gesunden Geist. Mit den berühmten Metaphern der *Zen Koans* unterstützen die Meister die Übenden dabei, über die persönliche Meinung oder die einer

Gruppe hinauszublicken. Mit dieser Methode lässt sich überprüfen, inwieweit ein Schüler ein Prinzip oder eine grundlegende Wahrheit begriffen hat.

Nicht zuletzt tragen Kampfkünste zu einem gesunden Leben bei. Jeder Meister einer Kampfkunst macht sich diese Lebensweise zu eigen. Alle Menschen, die Kampfkünste praktizieren, verbinden sich mit Mutter Erde und mit Vater Universum. Mühelos können sie unsere kosmischen Eltern erkennen.

Zugang zum Herzen durch Nichtstun

Habt ihr jemals versucht, einfach nur still und friedlich dazusitzen und gar nichts zu tun? Ihr mögt denken, das sei leicht, doch *Zazen*-Meister sagen, dass es in Wahrheit die schwierigste Sache der Welt ist! Nach Übungen in der Kampfkunst, die völlig erschöpfend sind, praktizieren die Teilnehmer häufig die Meditation des Nichtstuns.

Sie sitzen in völliger Stille mit geradem Rücken und halb geöffneten Augen da und lassen ihren Blick sanft auf den Dingen vor sich ruhen. Auch ihre Hände lassen sie ruhen, indem sie eine Hand über die andere legen (die Männer legen dabei ihre linke Handfläche über die rechte, die Frauen die rechte Handfläche über die linke), während die Daumen sich leicht berühren und mit den Rändern der Handfläche eine ovale Form bilden. Man kann einige Minuten in dieser Position verbringen oder sogar bis zu einer Stunde und länger.

Das Gewahrsein der Meditierenden ist dabei auf nichts gerichtet. Sie bleiben einfach nur aufnahmebereit und wachsam im gegenwärtigen Augenblick – im *Jetzt*.

Probiert diese Meditation einmal aus. Diese Übung ist besonders schwierig, weil einem dabei Tausende von Gedanken, Hunderte von Auseinandersetzungen und Streitereien durch den Kopf schießen. Ihr werdet dabei euer Leben rekapitulieren, mit allem, was ihr durchgemacht habt, und dem, was euch zu schaffen macht. Wenn ihr euch ein paar Monate darin geübt habt, werdet ihr euch bei dieser Meditation schläfrig fühlen und zu träumen beginnen – auch wenn eure Augen halb geöffnet sind und leicht nach vorne blicken.

Ihr werdet vielleicht träumen, halluzinieren oder schlafen. Ihr werdet euch fragen, wieso ihr eure Zeit mit dieser unsinnigen Übung verschwendet. Euer Ego wird euch davon zu überzeugen versuchen, wie albern ihr euch verhaltet, wie armselig all eure Versuche und Bemühungen sind. Euer Verstand wird euch auslachen und ihr werdet vielleicht enttäuscht sein. Ihr werdet euch in Erinnerungen und Problemen verlieren.

Aber gebt nicht auf! Führt diese Übung weiterhin durch! Ihr müsst weiterhin versuchen, wachsam zu sein und im Augenblick zu leben. Eines Tages werden euer Verstand und euer Ego klein beigeben. Sie werden euch satt haben und die Idee, euch einzufangen, fallen lassen. An diesem Tag wird eure gesamte Energie in euer Herz fließen. Und plötzlich, wenn ihr einfach nur dasitzt und gar nichts tut, werdet ihr in den Bereich von Göttlichkeit, Glückseligkeit und Frieden gelangen. Der ganze Gedankenstrom wird versiegen und ihr werdet im Augenblick leben, im Inneren eures Herzens.

15

Träumen innerhalb eines Traums

In meinen anderen Büchern *Hier & Jetzt* sowie *Traumbilder des Herzens* habe ich ausführlich über die tibetischen Meister und die Zeit berichtet, die ich mit ihnen verbracht habe. Eines der interessantesten und äußerst faszinierenden Themen, das in diesen Büchern viel Raum einnimmt, ist das Träumen, genauer gesagt der Traumzustand. Ich hatte seinerzeit viele Tage »verloren«, das heißt, ich konnte mich nicht mehr an sie erinnern. Doch irgendwo tief in meinem Innern war mir klar, dass sie nicht wirklich aus meinem Gedächtnis verschwunden waren. All diese vagen Erinnerungen waren halb verborgen noch da und warteten nur darauf, dass ich eine Ebene der vollen Bewusstheit erreichte, auf der sie sich mir offenbaren würden. Ich wusste, dass ich mich in einem Traumzustand auf einer viel höheren Bewusstseinsebene befunden hatte.

Meine beiden Meister Karma Dorje und Tenzin Dhargey beherrschten nicht nur den Traumzustand. Sie meisterten einen einzigartigen Bewusstseinszustand, den sie »Träumen in verschiedenen Welten« nannten. Soweit ich es verstanden habe, ist dies die höchste Komplexitätsstufe der Wahrnehmung, die ein Mensch erreichen kann.

Eines der interessantesten Dinge, die meine Meister mir mitteilten, war die Aussage, dass eine Frau ihren träumenden Körper viel müheloser nutzen kann als ein Mann. Den Meistern zufolge ist diese ausgeprägte Flexibilität darin begründet, dass es Frauen generell viel leichter fällt als Männern, Verbindungen zur Vergangenheit abzubrechen oder sich von der Vergangenheit zu lösen.

Diese Meister waren Experten darin, die Ebenen der Wahrnehmung zu wechseln. Und schon ihre Gegenwart veränderte *meine* Wahrnehmung. Im einen Augenblick konnten wir uns in einem Stadium befinden, das wir »Erweckung« nannten, und einen Moment später im Traumzustand. Ich brauchte eine Weile, um dieses neue Stadium der Wahrnehmung innerlich zu verarbeiten, doch als ich es schließlich geschafft hatte, konnte ich im Traumzustand tatsächlich träumen.

Es hat keine Ähnlichkeit mit dem Träumen nach dem Einschlafen. Es ist viel komplexer. Die Meister meinen, dass wir alle uns in einem Traum befinden. Selbst wenn wir am Morgen aufwachen und uns für wach halten, befinden wir uns demnach noch immer in einem Traumzustand. Genau das wollten sie uns klarmachen.

Die beste Möglichkeit, sich das zu vergegenwärtigen, besteht darin, eine höhere Bewusstseinsebene zu erreichen, indem man innerhalb dieses Traumzustands träumt.

Sie benutzten zwei Methoden, um mich dorthin zu führen: Entweder verlagerte sich meine Bewusstseinsebene unverzüglich durch ihre bloße Anwesenheit, so dass ich innerhalb des Traumzustands träumte, oder wir alle traten einfach in ein meditatives Stadium ein und wirkten von diesem Bewusstseinszustand aus auf unsere träumenden Körper ein.

Aber die Meister brachten uns noch eine weitere Methode bei, die jeder anwenden kann.

Zugang zum Herzen durch Träumen

Immer dann, wenn wir die Methode des Träumens anwendeten, richteten wir unsere Aufmerksamkeit auf das Herz. Das Träumen aus dem Herzen heraus erfordert große Aufmerksamkeit, denn beim Träumen ist die ganze Beschaffenheit der Realität anders als das, was wir für die Wirklichkeit halten. Sobald wir mit Hilfe unserer träumenden Körper diesen Wahrnehmungszustand erreicht haben, wird unseren feststehenden Annahmen die Grundlage entzogen.

Der beste Weg zum Verständnis dieser Methode besteht darin, sich in dem zu üben, was die Meister »das Wissen des Herzens« nennen. In gewisser Hinsicht ähnelt dieser Zugang zum Herzen den von den Mystikern vom Berg Athos praktizierten Methoden und verlangt ebenfalls sehr große Achtsamkeit und bewusstes Wollen. »Das Wissen des Herzens« ist eine Übung, die man kontinuierlich durchführen muss, ungeachtet der Tages- oder Nachtstunde oder der Tätigkeit, mit der man vielleicht gerade beschäftigt ist.

Das bewusste Wollen – die Absicht oder Intention – dient dazu, die Konzentration auf das Herz aufrechtzuerhalten, und dabei ist die Achtsamkeit nur auf das Herz zu richten. Da unser Verstand darauf konditioniert ist, praktisch zu denken und ausschließlich das zu akzeptieren, was verifizierbar und quantifizierbar ist, fällt es nicht schwer, diese Übung ein paar Minuten oder sogar eine ganze Stunde lang durchzuführen. Karma Dorje und

Tenzin Dhargey zufolge stellt dies den ersten Kontakt zu unserem intuitiven Wissen her. Das intuitive Wissen verleiht uns blitzartig Einsichten und Erkenntnisse. Falls man diese Übung aber nicht fortwährend durchführt, machen sich Zweifel und Vergesslichkeit bemerkbar, denn unser Verstand und unser Ego kämpfen um ihre »Rechte«. Wenn wir jedoch irgendwann eine ständige Verbindung zu unserem Herzen herstellen können und unsere Achtsamkeit und Intention einzig auf das Herz konzentrieren, schaffen wir es, zu einer höheren Bewusstseinsebene zu gelangen: zum Träumen innerhalb des Traumzustands.

Dieses Bewusstsein durchdringt nach und nach unsere Träume. Sobald wir fähig sind, unsere Achtsamkeit und Intention ausschließlich auf das Herz zu richten, werden wir uns des Träumens bewusst und die Wirklichkeit ringsum zerfließt.

Die beschriebene Methode erfordert deshalb so viel Achtsamkeit, weil wir darauf vorbereitet sein müssen, den Sprung ins Unbekannte zu tun. Wenn ich innerhalb des Traumzustands träumte, konnte ich stets die Gegenwart beider Meister spüren. Es war, als erlaubten sie mir das Spiel mit dem Unbekannten, hielten sich aber trotzdem stets irgendwo in der Nähe auf, um mich dabei zu überwachen.

Da die Wahrnehmung hier an einem Punkt außerhalb des Körpers und der Sinne stattfindet, eröffnet diese Methode uns ein breites Spektrum an Möglichkeiten und weckt in uns außerordentlich viel Energie. Fortgeschrittenen Praktikern dieser Methode des Träumens innerhalb des Traums gelingt es, sich völlig aus der gesellschaftlichen »Normalität« zu lösen, ohne sich von der Welt zurückzuziehen.

16

Die Melchizedeks

Es wurden gleich mehrere verschiedene kosmische Lehrer auf die Erde geschickt, um uns zu helfen und anzuleiten. Zweifellos spielen die Melchizedeks (aus dem Hebräischen: »Könige der Gerechtigkeit«) eine äußerst wichtige Rolle in der Geschichte unseres Planeten. Heutzutage fast vergessene Legenden aus uralten Zeiten erzählen vom Vater Melchizedek (Machiventa Melchizedek) und vom Zwölferrat der Melchizedeks, der mit der Fürsorge für unseren Planeten betraut war. Einige uralte Texte beziehen sich eindeutig auf Machiventa Melchizedek, den König von Salem und Priester des Höchsten Gottes.

Unserem Verständnis nach war Machiventa Melchizedek der erste Melchizedek, der sich der menschlichen Rasse hingab. Er übernahm den Auftrag, der Menschheit zu dienen – als ein zu höheren Stufen aufgestiegenes sterbliches Wesen, dem man einen vorübergehenden Aufenthalt im irdischen Salem in den Zeiten Abrahams zugestand, damit er dort der Menschheit helfen und sie unterstützen konnte. Freiwillig bot er an, die Erde zu besuchen und uns zu unterstützen. Er tat es mit der Zustim-

Gemeinsamer Vortrag von Daniel Mitel und Drunvalo Melchizedek (rechts) beim Cosmic Grace Workshop im März 2015

mung des Zwölferrates der Melchizedeks, da dieser befürchtete, das Leben würde während dieser Phase wachsender spiritueller Dunkelheit von der Erde verschwinden.

Die zweite Entsendung eines Sohns der Melchizedeks erfolgte mit Erlaubnis ihres Rates in unserer heutigen Zeit. Drunvalo Melchizedek übernahm einen weiteren wichtigen Auftrag, der wiederum unserem Planeten galt.

Wer sind die Melchizedeks, und warum flüstern wir ihre Namen mit solcher Ehrfurcht und Achtung? Den Mystikern zufolge spielen die Melchizedeks eine sehr wichtige Rolle bei der Erziehung und Ausbildung aller Himmelswesen in unserem Universum – etwa der Engel und der Seraphim. Aber sie sind nicht nur Lehrer. Ihre Tätigkeiten haben auch mit der Überwachung unseres fortschreitenden Aufstiegs zu höheren Ebenen zu tun. In unserem Universum widmen sie sich unserer Ausbildung und der Förderung unserer Erfahrungen, doch darüber hinaus übernehmen sie auch Sonderaufgaben und Einsätze in prekären Situationen. Deshalb bezeichnet man sie auch als die »Notfall-Söhne«.

Die Melchizedeks werden stets dazu ausgebildet, in jeder ungewöhnlichen Lage und an jedem Ort im Universum zu intervenieren. Einer oder mehrere von ihnen sind ständig bereit einzugreifen, wenn irgendeine kritische Situation entstanden oder besondere Hilfe nötig ist. In allen Welten werden sie bei planetaren Krisen und bei Notfällen jeglicher Art tätig. Sie nehmen einen wichtigen Platz im Universum ein – auf »Lotsenwelten«, bei denen es sich um jeweils erste in einem Kreis von Welten handelt, die sich spezifischen Aufgaben widmen. Häufig bezeichnet man diese Welten auch als »Universitäten« der Melchizedeks. Zu höheren Ebenen aufsteigende Wesen aus allen Teilen des Universums besuchen diese Hochschulen als Teil ihrer Ausbildung. Die »Lotsenwelt«, genannt »Melchizedek-Welt«, betrachten alle Wesen als den interessantesten Ort in unserem Universum.

17

Das HeartMath®Institute

und die Erweiterung des globalen Herzens

Nachdem ihr von den Reisen des Herzens im Himalaya und in Tibet, auf dem Berg Athos und in der Sierra Nevada gelesen habt, mögt ihr euch fragen, ob schon jemals ein wissenschaftliches Forschungsprojekt durchgeführt wurde, das uns aufzeigen könnte, wie man das Leben durch die verborgene Kraft des Herzens verbessern kann.

Kein Team der Welt ist besser als HeartMath® dazu ausgebildet, die Intelligenz des Herzens nachzuweisen. Das HeartMath®Institute wurde 1991 von Doc Childre mit dem Ziel gegründet, einzelne Menschen, Organisationen und die weltweite Gemeinschaft dabei zu unterstützen, die Herzintelligenz zu nutzen und ins Alltagsleben zu integrieren. Indem das Institut die Wissenschaft und das Herz miteinander verbindet, verleiht es den Menschen Kraft und lehrt, wie man stärkere Resilienz (Belastbarkeit) aufbauen und Stress vermindern kann. Es zeigt Wege dazu auf, unsere innere Führung »freizuschalten«, damit wir die für uns besten Entscheidungen treffen können.

Das allgemeine Ziel besteht darin, eine durch die Herzen verbundene Welt zu schaffen. Seit mehr als fünfundzwanzig Jahren entwickelt und liefert HeartMath® auf wissenschaftlicher Forschung basierende Instrumente und Technologien, die Menschen dabei helfen, das Herz, den Geist und die Emotionen miteinander zu verknüpfen, einen besseren »Flow« in ihr Leben zu bringen und Stress zu reduzieren.

Eines der wunderbarsten Projekte des Instituts ist die Globale Kohärenz-Initiative (*Global Coherence Initiative* = GCI), die geschaffen wurde, um Frieden und Harmonie zu fördern sowie das Zentrum der Menschheit zu aktivieren: das Herz. GCI ist an bahnbrechenden Forschungsprojekten zur Querverbindung zwischen der Menschheit und den Magnetfeldern und Energiesystemen der Erde beteiligt.[11]

Als GCI-Botschafter fördere ich diese Studien und Initiativen durch meine Tätigkeiten. Da Ruhelosigkeit, Überforderung und Erschöpfung ihrer Energiereserven die Menschen mehr und mehr belasten, engagiert sich GCI dafür, globale Lösungen zu entwickeln. Die daran beteiligten Wissenschaftler untersuchen die Wirkungen von Resonanzschwingungen im Magnetfeld der Erde vor allem im Hinblick darauf, auf welche Weise sie die Gesundheit und das Verhalten von Menschen beeinflussen. Die Hypothesen von GCI werden durch wissenschaftliche Erkenntnisse gestützt, die zeigen, dass es eine Verbindung zwischen dem Magnetfeld der Erde und Lebens-

---

[11] Mittlerweile gibt es 42 Stationen auf der Erde, an denen HeartMath das irdische Magnetfeld misst. Es existieren weltweit mehrere Gruppen, die sich zur jeweils gleichen Zeit in einen kohärenten Zustand begeben, und dabei werden stets signifikante Veränderungen im Erdmagnetfeld gemessen. – *Der Verlag*

systemen gibt. Heute wissen die Forscher, dass die Resonanzschwingungen der Erde jenen des Gehirns, des Herzens und des autonomen Nervensystems ähneln.

GCI erklärt den Menschen die Beziehung zwischen Gesundheit und Verhalten sowie solaren und geomagnetischen Aktivitäten, damit sie die große Bedeutung einer kohärenten, auf dem Herzen basierenden Verbindung der Menschen miteinander besser verstehen lernen. Indem wir solche kohärenten Verbindungen schaffen, werden wir unsere Welt und das Bewusstsein der Menschheit verwandeln und verbessern können.

Die Kraft des Herzens

Hier folgt ein Interview mit Agathi Christodoulidi. Sie ist Ausbilderin bei HeartMath®, Lehrerin an der School of Remembering und Mitbegründerin der Organisation Motivate Yourself.

Agathi ist eine meisterhafte Dozentin, Rednerin, Moderatorin von Seminaren, Trainerin und ein Coach, der einzigartige, hervorragende Programme für Einzelpersonen, Unternehmen und Führungskräfte anbietet. Als Ausbilderin setzt Agathi auch von HeartMath® entwickelte Biofeedback-Methoden bei ihren Übungen und Beratungen ein. Eines ihrer wichtigsten Ziele besteht darin, Menschen darin zu schulen, den eigenen emotionalen Zustand wahrzunehmen, und zu lernen, ihn selbst zu steuern. Als Mitbegründerin der School of Remembering widmet sie sich der Aufgabe, Menschen in aller Welt bei der Erinnerung daran, wer sie in Wahrheit sind, zu helfen.

 *Verfügen wir in unseren Herzen über eine verborgene Kraft?*

Unser Herz ist eines der interessantesten und geheimnisvollsten Organe unseres Körpers. Es wurde schon vielfach erforscht, gibt aber immer noch zahlreiche Rätsel auf.

Das HeartMath®Institute hat in den vergangenen fünfundzwanzig Jahren die Verbindung zwischen Herz und Gehirn untersucht und dabei verblüffende Informationen und neue Erkenntnisse darüber erlangt, wie das Herz arbeitet und unsere Psychophysiologie beeinflusst.

In vielen uralten Handschriften und Heilmethoden ist die Rede vom Herzen, doch erst in jüngster Zeit ist es der Wissenschaft gelungen, einiges über die Bedeutung und Intelligenz des Herzens herauszufinden. So ist mittlerweile erwiesen, dass das Herz ein elektromagnetisches Feld erzeugt, das einhundert bis eintausend Mal größer ist als das elektromagnetische Feld des Gehirns. Wie der Forschungsleiter des HeartMath® Institute, Rollin McCraty, in seinem Artikel »The Magnetic Heart: Bioelectromagnetic Communication Within and Between People« [»Das magnetische Herz: Bioelektromagnetische Kommunikation innerhalb des Menschen und zwischen den Menschen«] schreibt, »erzeugt das Herz sogar das größte elektromagnetische Feld des Körpers«.

Die Informationen, die in uralten Kulturen und Traditionen durch Intuition erlangt wurden, werden nun nach und nach auch in unserer modernen Lebensweise genutzt und akzeptiert. Die Vorstellung, dass die Menschen nur auf Logik beruhende Gedankengänge verfolgen und über ihr Leben nur auf Grundlage der Logik entscheiden sollten, schwindet allmählich. Denn nun merken die Menschen, dass sie dabei immer unglücklicher werden, ihr Leben immer größeren Stress beinhaltet und ihnen immer mehr abverlangt.

Also beginnen sie, nach anderen Lösungen und anderen Lebensmöglichkeiten Ausschau zu halten. Meinen Kenntnissen und Erfahrungen nach ist der leichteste Weg dorthin, sich auf die Anfänge zu besinnen und zu unserem Ort der Weisheit zurückzukehren: zum Herzen.

 *Finden wir durch die Verbindung von Herz und Verstand zu einer besseren Lebensweise?*

Das HeartMath®Institute hat seit Jahren erfolgreich erforscht, wie Herz und Hirn miteinander kommunizieren, und dabei herausgefunden, dass das Herz die Wahrnehmungen, Emotionen, die Intuition und Gesundheit beeinflussen kann.

Die Forschung hat gezeigt, dass das Herz auf vierfache Weise mit dem Gehirn kommuniziert: neurologisch (durch die Übertragung von Nervenimpulsen), biochemisch (mittels Hormonen und Neurotransmittern), biophysisch (durch Druckwellen) und energetisch (durch Interaktionen des elektromagenetischen Feldes). Auf dieser Grundlage können wir mit einiger Gewissheit davon ausgehen, dass wir, je mehr wir sowohl auf das Herz als auch auf das Gehirn hören, zu einer harmonischeren Lebensweise und einem besseren und ausgeglicheneren Leben gelangen können.

Der Ausgleich und die Harmonisierung der Kommunikation zwischen dem Herzen und dem Gehirn bewirken bei uns einen Zustand erhöhter Konzentration, verstärkter Leistungsfähigkeit, emotionaler Stabilität und allgemein größeres Wohlbefinden. Wenn man sich in einem solchen Zustand befindet – das HeartMath®Institute bezeichnet ihn als »Herzkohärenz« –, ist man fähig, auf die Situationen, denen man sich gegenüber sieht, einzuwirken anstatt nur darauf zu reagieren. Man verhält sich auch liebenswürdiger und verständnisvoller, da man sich in einem Zustand des inneren Gleichgewichts und Friedens befindet.

Denken Sie zum Beispiel an Zeiten, in denen Sie nach einem anstrengenden Arbeitstag erschöpft nach Hause kommen und sich nur noch ausruhen möchten. Und jetzt rufen Sie sich ins Gedächtnis, wie Sie reagiert oder sich gefühlt haben, als irgendetwas geschah, das Ihnen kein Ausruhen erlaubte. Vielleicht musste im Haus etwas repariert werden oder Sie mussten dort noch etwas erledigen und sich um die Wünsche und Bedürfnisse Ihrer Familie kümmern. All das und mehr gehört zu unserem geschäftigen und uns viel abverlangenden alltäglichen Leben.

Und jetzt stellen Sie sich das Gegenteil vor: Sie sind nach einem angenehmen Arbeitstag, an dem man Ihre Arbeit aner-

Das Magnetfeld des Herzens
Unsere Gedanken und Gefühle beeinflussen das magnetische Feld des Herzens

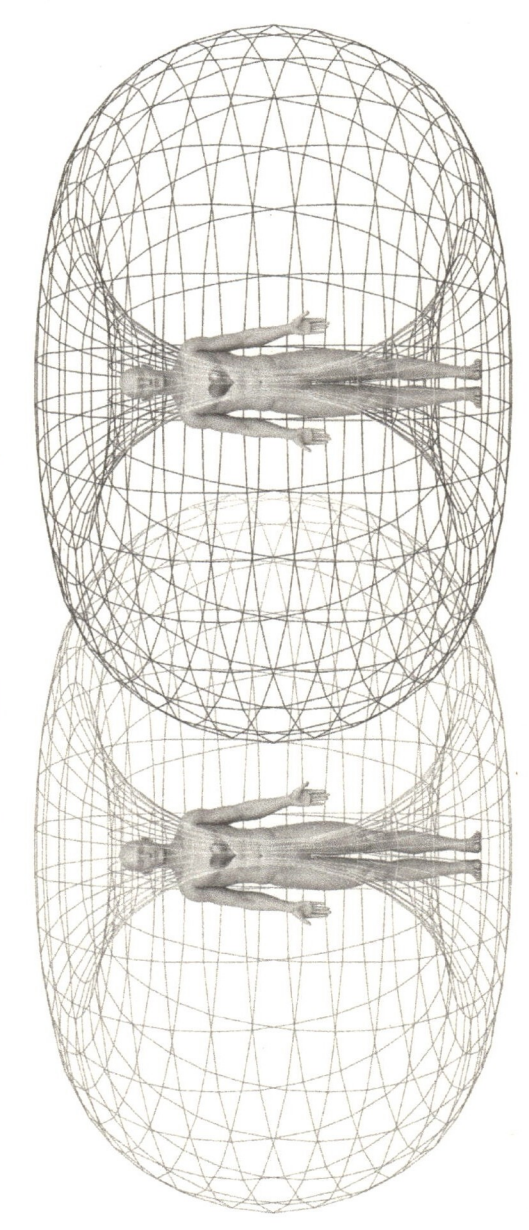

Copyright 2009 HeartMath®Institute

www.heartmath.org

kannte und lobte, nach Hause gegangen. Oder Sie hatten an diesem Tag Urlaub und haben nur Dinge getan, die Ihnen Spaß machten. An solchen Tagen sind Sie glücklich, entspannt und innerlich zufrieden heimgekehrt.

Wie haben Sie sich nun in Situationen verhalten, die einer Lösung bedurften, oder sich Problemen gestellt, um die Sie sich kümmern mussten?

Wenn Sie eine harmonischere Verbindung zwischen Herz und Hirn herstellen, können Sie in jeder auftauchenden Situation angemessen handeln und selbst entscheiden, wie Sie damit umgehen wollen, statt in von Jähzorn oder Wut geprägte Verhaltensmuster zu verfallen. Auch Ihre Resilienz wird dadurch gestärkt, so dass Sie besser in der Lage sind, nach einer frustrierenden Situation wieder »Ihren Frieden« zu finden. Für alle Menschen ist es sehr wichtig zu lernen, in einem solchen Zustand der Herzkohärenz zu leben. Es ist der einzige Weg zum Ziel, sich ein ausgeglichenes, harmonisches Leben zu schaffen und die Schritte dorthin klug zu wählen, damit man zu einem erfüllenden, glücklichen Dasein gelangt.

 *Wie wirken sich Liebe, Wertschätzung und Dankbarkeit dabei aus?*

Emotionen können sich deshalb auf die Verbindung zwischen Herz und Gehirn auswirken, weil sie die Aktivitäten des autonomen Nervensystems verändern. Seit den 1960er Jahren weiß man, dass die Art und Weise, wie unser Herz mit dem Gehirn kommuniziert, entscheidenden Einfluss auf unsere Sichtweise auf die Umgebung und das Umfeld hat. Wenn wir eine Bedrohung erkennen, ist das sympathische Nervensystem für die »Flucht-oder-Kampf«-Reaktion unseres Körpers zuständig. Wenn wir hingegen innere Ruhe haben, ist dafür das parasympathische Nervensystem zuständig.

Die Forschung hat gezeigt, dass unterschiedliche Emotionen auch die Herzrhythmen unterschiedlich beeinflussen. Ein Beispiel: Wenn wir »negative« Emotionen wie Zorn oder Frust empfinden, verstärken diese Emotionen die Aktivität des sympathischen Zweiges des Nervensystems und verursachen chaotische Herzrhythmen. Wenn ein Mensch Liebe, Wertschätzung oder Dankbarkeit erfährt, verstärkt sich hingegen die Aktivität des parasympathischen Zweiges des Nervensystems und schafft damit einen gleichmäßigen Herzrhythmus.

»Positive« Emotionen wie Liebe, Wertschätzung oder Dankbarkeit bewirken kortikale Erleichterung und verstärken auf diese Weise die Fähigkeit zu verbesserten Leistungen, verbesserter Konzentration, mentaler und emotionaler Stabilität sowie klarem Denken – und sie erzeugen mehr Energie.

HeartMath® bereichert uns mit großartigen wissenschaftlichen Entdeckungen, die das Herz und die dort angesiedelte Intelligenz betreffen. Haben wir ein »Gehirn im Herzen«?

Nach der Erkenntnissen der Neurokardiologie verfügt das Herz über ein komplexes neurales Netzwerk, das man – dem Umfang und der Komplexität nach – als »Gehirn des Herzens« bezeichnen könnte. Wie Dr. Armour erläutert, umfasst das Herz etwa 40.000 Neuronen. Diese schicken Informationen an die höheren Gehirnzentren, die die Wahrnehmung, das Treffen von Entscheidungen und weitere kognitive Vorgänge beeinflussen. Wenn wir das berücksichtigen, tut sich eine Welt neuer Möglichkeiten auf. Wir wissen jetzt, dass unser Herz ebenfalls »denkt« und einen völlig eigenen Verstand hat!

Da unser Herz auch das größte elektromagnetische Feld rings um unseren Körper bildet, sind die Informationen, die es an unser Gehirn sendet, bedeutend vielfältiger als jene, die das Gehirn von sich aus empfängt. Möglicherweise ist das auch der Grund dafür, dass in vielen uralten Traditionen das Herz als überaus weise gilt und gelehrt wird, auf dessen Botschaften genau zu hören.

 *Können wir heutzutage ein glücklicheres, gesünderes und ausgeglicheneres Leben schaffen, wenn wir die Kapazität des Herzens vollständig nutzen?*

Während meiner Workshops und Ausbildungsleitungen habe ich Folgendes festgestellt: Je mehr sich die Menschen die Vorstellung von einem intelligenten Herzen aneignen und auf ihr inneres Wissen und die Botschaften, die von dort kommen, lauschen, desto stärker erleben sie das eigene Leben als erfüllend. Ich habe gesehen, wie Menschen schließlich die Schritte taten, vor denen sie so lange zurückgeschreckt waren, als sie wirklich merkten und akzeptierten, dass es ihnen guttut, auf ihr Herz zu vertrauen und ihm zuzuhören.

Das Misstrauen gegenüber dem, was das Herz uns sagt, wird in unserer Gesellschaft dadurch erzeugt, dass man bei Entscheidungen und der Gestaltung des Lebens nicht unser ganzes Wesen berücksichtigt. Doch dieses Misstrauen schwindet jetzt mehr und mehr, da wir durch wissenschaftliche Nachweise erfahren und begriffen haben, dass neben unserem Gehirn noch andere Akteure in unserem Körper wirken. Wenn wir Menschen die Möglichkeiten schaffen, in unserer Gesamtheit auf ein ausgeglicheneres und aufeinander abgestimmteres Leben hinzuarbeiten, wird es uns gelingen, klarer zu denken, in Harmonie zu handeln und einen dauerhaften Zustand der Kohärenz herbeizuführen.

Darüber hinaus lernen die Menschen dabei, sowohl im Arbeitsumfeld als auch in der Familie besser miteinander auszukommen. Wenn man einen Zustand des inneren Friedens und eine dauerhafte Verbindung zwischen Hirn und Herz erschafft, ist man auch in der Lage, tiefere Gedanken und Vorstellungen zu »hören«, auf die man bislang nicht gelauscht oder die man einfach nicht beachtet hat. Ein kohärenter Zustand des Seins ermöglicht den Menschen den Kontakt zur eigenen Intuition, den »Durchbruch« bei der Lösung von Problemen und das »Herunterladen« neuer Ideen – kurz gesagt: Vorreiter zu sein!

In einer Welt, in der alles Wiederholung ist, in der alte Denkweisen und Verhaltensmuster unablässig mit im Spiel sind, brauchen wir nichts dringender als *innovatives Denken* – frische Ideen, neue Entwürfe, Durchbrüche im Denken und Verhalten. Doch über all das werden die Menschen nur verfügen, wenn sie offen dafür sind, auf ihre innere Stimme zu hören. Leider blockieren Stress, Ängste, Frustrationen sowie ähnliche Gefühle und Gemütszustände unsere inneren intuitiven Gedanken.

Das Konzept einer anderen Welt, einer besseren Lebensweise und eines harmonischen Zusammenlebens der ganzen Menschheit setzt die Fähigkeit und Bereitschaft jedes Einzelnen voraus, ein besser ausgeglichenes Dasein und eine kohärente Lebensweise zu erreichen. Das stete Anwachsen der Anzahl von Menschen, die in diesem Zustand leben, wird langsam, nach und nach, eine andere Lebenskraft, ein stärkeres und wirksameres Energiefeld hervorbringen, in dem wir alle glücklich und in Frieden mit uns selbst und unseren Mitmenschen leben können.

Eine sehr nützliche Übung für Menschen aller Altersgruppen ist die von HeartMath® entwickelte, auf das Herz konzentrierte Atemtechnik. Diese Technik kann dabei helfen, wieder eine harmonische Verbindung zwischen Herz und Hirn herzustellen und das autonome Nervensystem ins Gleichgewicht zu bringen. Es ist eine einfache Übung, die man zu allen Tageszeiten durchführen kann, etwa beim Autofahren, vor einer Besprechung, ehe man zu Bett geht oder wenn man morgens aufwacht.

Die herzzentrierte Atemtechnik Heart-Focused Breathing™ entwickelt vom HeartMath®Institute

1. Richte die Aufmerksamkeit auf die Herzgegend. Stell dir vor, dass dein Atem in dein Herz oder den Brustkorb strömt und wieder hinausfließt. Atme dabei etwas langsamer und tiefer als gewöhnlich.
2. Atme fünf Sekunden lang ein und fünf Sekunden lang aus (es darf auch ein anderer für dich angenehmer Rhythmus sein). Dein Atmen sollte unangestrengt und wohltuend sein. Je häufiger du diese Übung durchführst, desto leichter wird es dir fallen, locker und gleichmäßig zu atmen.
3. Stelle dir innerlich eine Situation vor, in der du glücklich warst, und schicke diese glückliche Erinnerung dann in dein Herz. Du kannst dir auch die liebevolle Zuwendung zu einem Menschen, Tier oder einem für dich schönen Ort in der Natur vorstellen.

Wenn du anfangs die Hand auf dein Herz legst, wird dir das dabei helfen, dich auf dein Herz zu konzentrieren.

Weitere Informationen findest du auf Agathi Christodoulidis Websites www.agathi.net, www.motivate-yourself.org und www.heartmath.org.

Liste der Meditationen

Meditation 1
Der Einheitsatem
Seite 11 im Zusammenhang
Seite 164 die Anleitung

Verschiedene Möglichkeiten, den Zugang zur Heiligen Kammer des Herzens zu finden

Meditation 2
Die Kogi-Methode
Seite 23 im Zusammenhang
Seite 169 die Anleitung

Meditation 3
Der Torus des Herzens
Seite 24 im Zusammenhang
Seite 170 die Anleitung

Meditation 4
Die Vorgehensweise von Jesus
Seite 25 im Zusammenhang
Seite 172 die Anleitung

Meditation 5
Der rein weibliche Weg der Intuition
Seite 26 im Zusammenhang
Seite 174 die Anleitung

Meditation 6
Wiederanbindung an die Ursprungsenergie
Seite 62 im Zusammenhang
Seite 175 die Anleitung

Methoden für den Zugang zum Herzen

Meditation 7
Der intuitive Zugang zum Herzen
Seite 67 im Zusammenhang
Seite 176 die Anleitung

Meditation 8
Zugang zum Herzen durch Prana
Seite 73 im Zusammenhang
Seite 178 die Anleitung

Meditation 9
Die Methode von Simeon dem Neuen Theologen
Seite 86 im Zusammenhang
Seite 180 die Anleitung

Meditation 10
Die Atemmethode des Mönchs Nikephoros
Seite 89 im Zusammenhang
Seite 182 die Anleitung

Meditation 11

Nikephoros' Methode der Konzentration
auf das Herz

Seite 92 im Zusammenhang
Seite 185 die Anleitung

Meditation 12

Die neun Stufen des Gebets bei
der Heiligen Teresa von Ávila

Seite 93 im Zusammenhang
Seite 187 die Anleitung

Meditation 13

Zugang zum Herzen durch
Herzmetaphorik

Seite 100 im Zusammenhang
Seite 191 die Anleitung

Meditation 14

Natürlicher Zugang durch
das Herzchakra

Seite 113 im Zusammenhang
Seite 193 die Anleitung

Meditation 15

Zugang zum Herzen durch die Erdmethode

Seite 118 im Zusammenhang
Seite 195 die Anleitung

Meditation 16
Zugang zum Herzen durch das Dritte Auge
Seite 125 im Zusammenhang
Seite 197 die Anleitung

Meditation 17
Zugang zum Herzen durch Achtsamkeit und Intention
Seite 131 im Zusammenhang
Seite 199 die Anleitung

Meditation 18
Zugang zum Herzen durch Nichtstun
Seite 138 im Zusammenhang
Seite 203 die Anleitung

Meditation 19
Zugang zum Herzen durch Träumen
Seite 142 im Zusammenhang
Seite 205 die Anleitung

HeartMath®Institute

Meditation 20
Die herzzentrierte Atemtechnik Heart-Focused Breathing™
Seite 158 im Zusammenhang
Seite 207 die Anleitung

Meditation 1

Der Einheitsatem

Gleich darauf erschien mir Sri Yukteswar mit ehrwürdiger Miene. Obwohl ich stets eine enge Verbindung mit Yogananda, Sri Yukteswars Schüler, gespürt hatte, hatte ich über Sri Yukteswar selbst nie genauer nachgedacht. Doch da war er nun und kam direkt auf den Punkt, wie ich es jetzt auch tun möchte.

Er teilte mir mit, in Indien würde niemand auch nur daran denken, sich dem Göttlichen zu nähern, bevor er oder sie seine Gedanken und sein Herz nicht in einen bestimmten Zustand versetzt hätte. Und anschließend gab er mir sehr präzise Anweisungen dafür, wie man sich bewusst mit dem Göttlichen und schließlich mit Gott verbinden kann.

Der Ort, an dem man sich befindet, ist dabei nicht entscheidend, aber ich verwende einen Altar mit einer einzelnen brennenden Kerze, auf die ich mich geistig ausrichte. Ich spüre und ehre die Gegenwart meiner Lehrer, und wir beginnen alle gemeinsam zu atmen, als Einheit.

»Lass deine Aufmerksamkeit zu einem Ort auf der Erde schweifen, der für dich der schönste Platz auf der ganzen Welt

ist. Das kann überall sein – eine Szenerie in den Bergen mit Bäumen, Seen und Flüssen oder auch eine trockene Sandwüste, in der kaum etwas lebt. Es muss nur etwas sein, das du als schön empfindest. Stelle dir so viele Details wie möglich vor. Wenn du zum Beispiel einen Schauplatz im Gebirge siehst, sieh die einzelnen Berge und die weißen, sich bauschenden Wolken vor dir. Sieh den Wald und spüre, wie sich die Bäume im Wind bewegen. Sieh die Tiere – das Rotwild und die Elche, die kleinen Hasen und Eichhörnchen. Blicke nach unten auf das klare Wasser der Flüsse. Beginne Liebe zu diesem Ort und zu der ganzen Natur zu empfinden, die immer stärker wird. Wachse immer weiter in diesen Raum der Liebe hinein, bis dein Herz im Einklang mit der Wärme deiner Liebe zur Natur schlägt.

Wenn du den richtigen Zeitpunkt für gekommen hältst, sende deine Liebe mithilfe deiner Absicht zum Mittelpunkt der Erde, damit Mutter Erde die Liebe, die du für sie empfindest, unmittelbar spüren kann. Du kannst deine Liebe auch in eine kleine Kugel packen, um sie zu bewahren, und sie dann, wenn du das möchtest, in dieser Form an deine Mutter schicken, aber was dabei zählt ist deine bewusste Absicht. Und dann warte ab, wie ein Kind. Warte darauf, dass Mutter Erde dir ihrerseits ihre Liebe sendet und du sie spüren kannst. Du bist ihr Kind, und sie liebt dich.

Während dein Körper die Liebe deiner Mutter empfängt, öffne dich ihr völlig und lass zu, dass diese Liebe sich überall in deinem Körper hinbewegt. Lass zu, dass sie in all deine Zellen eintritt. Lass sie deinen Lichtkörper durchdringen. Lass zu, dass sie sich überall hinbewegt, ganz wie sie möchte. Spüre diese wundervolle Liebe, mit der deine Mutter dich umgibt, und verweile in dieser Einheit mit Mutter

Erde, bis es sich vollständig anfühlt.

Im geeigneten Moment, den nur du kennen kannst, wende den Blick deinem Vater zu, deinem Himmlischen Vater, ohne dich aus der liebevollen Einheit mit deiner Mutter zu lösen. Sieh dir die übrige Schöpfung an, außerhalb der Erde. Richte deine Aufmerksamkeit auf einen nächtlichen Himmel. Betrachte die Milchstraße, wie sie sich am Himmel dahinwindet. Beobachte, wie die Planeten und der Mond um dich und die Erde kreisen. Spüre die hinter der Erde verborgene Sonne. Erkenne die unfassbare Tiefe des Raums.

Spüre, welche Liebe du für den Vater empfindest, denn abgesehen von der Göttlichen Mutter ist der Göttliche Vater der Spirit der ganzen Schöpfung, der alles erschaffen hat. Und wenn diese Liebe so stark wird, dass sie einfach nicht länger in deinem Inneren bleiben kann, lass sie kraft deiner Absicht in den Himmel steigen. Wieder kannst du dir eine kleine Kugel vorstellen und deine Liebe auf diese Weise in den Himmel schicken.«

Sri Yukteswar schlägt vor, deine Liebe in eine kleine Kugel zu packen und durch deine Absicht in den Himmel zu senden. Er schlägt vor, sie ins Gitternetz des Einheitsbewusstseins rund um die Erde zu schicken. Wenn du nicht weißt, was es mit diesem Netz auf sich hat, macht das nichts. Tu einfach das, was die meisten indigenen Völker der Erde tun: Schicke deine Liebe der Sonne. Genau wie die Gitternetze ist die Sonne mit allen anderen Sonnen oder Sternen verbunden und letztlich mit allem, was lebt – wo auch immer.

Manche Menschen, etwa die Hopi im Südwesten der Vereinigten Staaten, schicken ihre Liebe der *Großen Zentralsonne*. Das ist ein weiteres Konzept, mit dem nicht jeder vertraut ist, aber es hat die gleiche Gültigkeit. Suche dir eines davon aus – welches, spielt keine Rolle. Es geht nur darum, dass deine Liebe alles Leben im Kosmos erreicht.

»Sobald deine Liebe in den Himmel zum Göttlichen Vater geschickt worden ist, wartest du erneut ab. Du wartest darauf, dass der Vater dir seinerseits seine Liebe schickt. Und das wird er natürlich stets tun. Du bist bis in alle Ewigkeit sein Kind, und der Göttliche Vater wird dich immer unendlich lieben. Und wenn du spürst, wie die Liebe des Göttlichen Vaters in dein Wesen eintritt, lass sie sich – genau wie bei der Liebe der Mutter – überall hinbewegen, wohin sie will. Es ist die Liebe deines Vaters, und sie ist rein.

In diesem Moment manifestiert sich etwas, das selten geschieht: Die Heilige Dreifaltigkeit erwacht auf der Erde zum Leben. Du bist nun in tiefer Liebe verbunden mit Mutter Erde und Vater Kosmos, und auch die heilige Mutter ist in unendlicher Liebe mit dem heiligen Vater verbunden. So entsteht das Dreieck der Heiligen Dreifaltigkeit.«

Nach Sri Yukteswars Worten kann man Gott nur in diesem besonderen Bewusstseinszustand unmittelbar erfahren. Und so besteht der letzte Schritt dieser Meditation darin, die Gegenwart Gottes wahrzunehmen – überall um dich herum und in deinem Inneren.

Für diesen Teil der Meditation hatte Sri Yukteswar mir ursprünglich eine sehr komplexe Methode gezeigt, die Gegenwart Gottes wahrzunehmen. Doch nachdem ich mit vielen Ältesten unterschiedlicher Stämme auf der ganzen Welt gesprochen habe, meine ich, dass dieser abschließende Bewusstseinszustand auch wesentlich einfacher zu erreichen ist.

Es geht eigentlich ganz leicht:

Sobald du Teil der Heiligen Dreifaltigkeit geworden bist, kannst du diese Erfahrung machen, indem du einfach dein Herz für die Gegenwart Gottes öffnest. Aus irgendeinem Grund, den nur Gott kennt, ist Gottes Gegenwart im Zustand der Heiligen Dreifaltigkeit sehr leicht wahrzunehmen.

Sri Yukteswar sagte mir auch, wie diese Meditation genannt wird: *Einheitsatem*. Gott ist stets überall, aber die Menschen nehmen ihn nicht immer wahr. Der *Einheitsatem* führt dich unmittelbar und bewusst zur Wahrnehmung Gottes.

Für manche Menschen braucht es allein diesen Bewusstseinszustand, um alle Zyklen, die das Leben erschuf, zu vervollständigen, oder anders gesagt: Sie ist der Eingang zu allen heiligen Zeremonien des Lebens, sei es unsere Geburt in diese Welt, die heilige Ehe oder auch der Tod. Den amerikanischen Ureinwohnern zufolge ist selbst bei den Zeremonien der Anpflanzung und Einbringung der Ernte diese besondere Verbindung mit dem *Großen Geist* erforderlich, damit die Pflanzen wachsen und gesund gedeihen.

Meditation 2

Die Kogi-Methode

Die Kogi, ein Stamm von Ureinwohnern, der an den nördlichen und östlichen Abhängen der Sierra Nevada de Santa Marta lebt, einem Gebirge in Kolumbien, hat mir eine Methode des Zugangs in die Heilige Kammer des Herzens gezeigt: Sie begeben sich in einen völlig dunklen Raum und »tanzen« dort, das heißt, sie bewegen sich langsam und scheinbar ziellos in die unterschiedlichsten Richtungen.

Sie führen diesen Tanz neun Tage und neun Nächte lang durch, ohne dabei Nahrung und Wasser zu sich zu nehmen. Den Worten der Kogi nach befinden sie sich am Ende des Tanzes in der Heiligen Kammer des Herzens.

Meditation 3

Der Torus des Herzens

Ich dachte über einen anderen Weg nach, in die Heilige Kammer des Herzens zu gelangen, und mir war bewusst, dass das Herz ein riesiges Magnetfeld in Form eines Torus erschafft, eines Röhrenrings mit einem Loch in der Mitte, ähnlich einem Donut; dieser Torus des Herzens hat einen Durchmesser von ungefähr 2,40 Meter bis drei Meter.

Man nimmt an, dass dieses Feld von der Heiligen Kammer des Herzens erzeugt wird. Wenn das zutrifft, so überlegte ich, musste es auch möglich sein, dieses Feld zu seiner Quelle, der Heiligen Kammer des Herzens, zurückzuverfolgen.

Es funktionierte, und das war die erste Methode, die ich, Drunvalo, überhaupt anwandte.

Frauen haben allerdings manchmal Probleme mit dieser Methode: Sie ist allzu logisch.

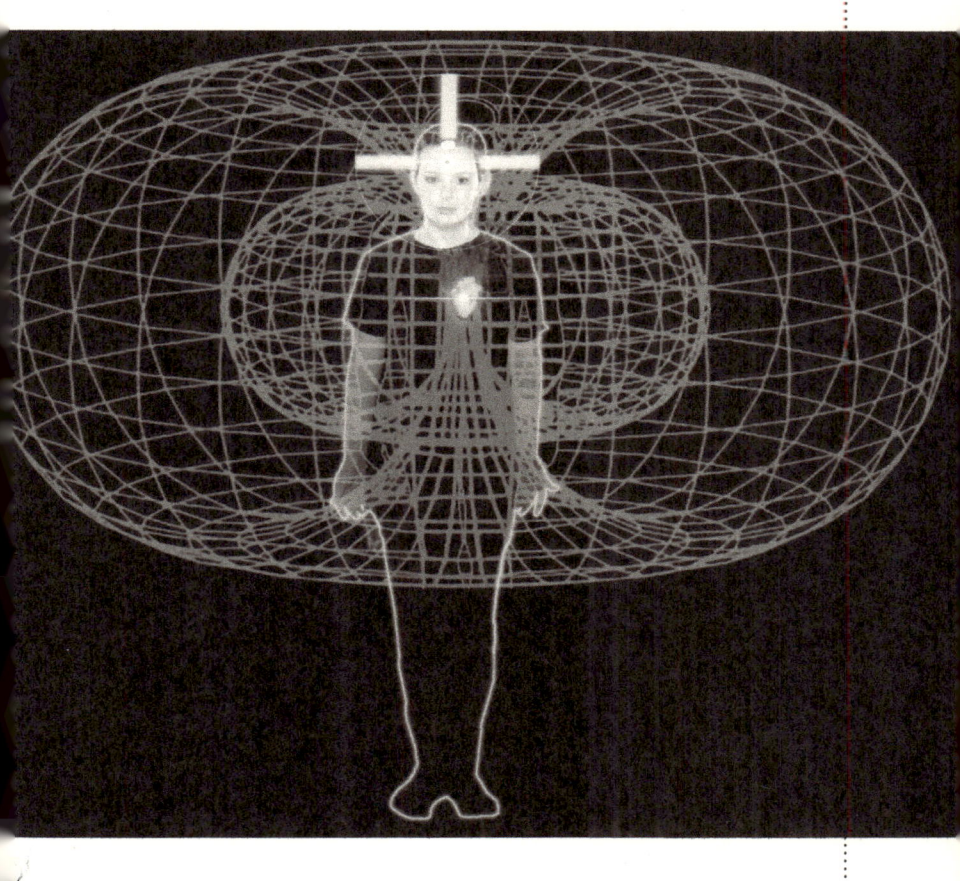

Meditation 4

Die Vorgehensweise von Jesus

Diesen Zugang zum Herzen hat Jesus der Welt geschenkt. Er ist durch die gnostischen Traditionen überliefert. Allerdings versuchten die Gnostiker diese Methode vor der Öffentlichkeit zu verbergen, indem sie behaupteten, die Heilige Kammer des Herzens befände sich nicht innerhalb des physischen Herzens, sondern dahinter. Das stimmt aber nicht. Nur der Zugang zur Heiligen Kammer, von dem Jesus gesprochen hat, befindet sich hinter dem Herzen.

Diese Methode funktioniert folgendermaßen:

Wenn du dich vom Gehirn zum Herzen bewegst, begibst du dich zunächst hinter das Herz. Dann drehst du dich um, in die Richtung, die du normalerweise in deinem Körper einnimmst. Jetzt blickst du von hinten auf dein Herz. Dabei wirst du etwas erkennen, das wie eine Spalte oder eine Faltung im Herzen aussieht. In der Mitte der Spalte befindet sich ein kleiner rotierender Strudel, der entweder als dunkler oder als heller Fleck auftaucht. Bewege dich auf diesen Strudel zu, und wenn du ganz nahe bist, wird der Strudel dich – ähnlich wie ein Staubsauger –

in sich hineinziehen, und du wirst merken, dass du dich in einer Röhre nach unten bewegst. Bewege dich weiter, bis du feststellst, dass du zum Halten kommst. In diesem Moment befindest du dich in der Heiligen Kammer des Herzens.

Oft bezeichnet man sie auch als den stillsten Ort im Universum.

Meditation 5

Der rein weibliche Weg der Intuition

Diese Methode ist äußerst einfach, jedenfalls für Frauen. Männern fällt sie etwas schwerer, gerade weil sie so einfach ist. Du bewegst dich lediglich vom Gehirn zum physischen Herzen und trittst dann von jeder beliebigen Stelle aus in dein Herz ein.

Anschließend setzt du die Intention, dass du dich in Bewegung bringst, und sobald du anhältst, bist du in der Heiligen Kammer des Herzens. Wenn du deinen weiblichen Anteil nutzen kannst, ist das gar nicht schwer.

Meditation 6

Wiederanbindung an die Ursprungsenergie

Als Erstes musst du dir einen möglichst angenehmen Ort suchen, an dem du mindestens eine halbe Stunde ungestört sein kannst. Dann nimmst du eine bequeme Körperhaltung mit geradem Rücken ein und schließt die Augen.

Richte deine Aufmerksamkeit auf die Schädeldecke und stell dir vor, du würdest das Wort »entspannen« durch die Fontanelle, dein Kronenchakra, einatmen.

Anschließend male dir aus, dass du dich irgendwo mitten in der Natur befindest, an einem Ort, den du kennst und liebst, und dass du zu einem Teil der Erde wirst. Spüre beispielsweise, wie du zu einem Baum mit starken, kräftigen Wurzeln geworden bist, und erkenne, dass du buchstäblich der Erde angehörst. Dein Inneres enthält alle fünf Elemente des Universums: Erde, Wasser, Holz, Feuer und Metall.

Spüre, wie du größer und größer wirst und dich das ganze Universum umgibt. Kreise um die Sonne. Spüre die Verbindung zu den Tausenden von Sternen ringsum.

Meditation 7

Der intuitive Zugang zum Herzen

»*Schließt die Augen*«, forderte Lady Ana uns auf. »*Fühlt euch völlig entspannt. Richtet den Blick auf eure Seele und stellt euch einen heiteren blauen Sommerhimmel vor. Es ist, als würdet ihr ihn von unten betrachten. All eure Gedanken sind weiße Wolken, die am Himmel dahinziehen.*«

Sofort kamen wir Lady Anas Aufforderung nach. Ich bemerkte ein Gefühl von Ruhe und innerem Frieden in mir.

»*Lasst einen sanften Wind die weißen Wolken nach links verschieben, bis alle verschwunden sind.*«

Als die letzte Wolke verschwunden war, begann ein innerer Ton von der Mitte meines Brustkorbs aus widerzuhallen.

»*Spürt oder erkennt, wo euer Herz ist, oder lauscht den Schwingungen, die aus der Mitte eures Brustkorbs kommen. Lauscht dem Geräusch eures Herzens und konzentriert euch darauf. Es kann eine Schwingung, ein Ton oder ein Herzschlag sein*«, erklärte Lady Ana.

Anfangs konnte ich deutlich meinen Herzschlag hören – das Pulsieren des Herzens. Dann wurde er schwächer, während die Schwingungen immer stärker wahrzunehmen waren. Instinktiv konzentrierte ich mich auf diese Schwingungen und fühlte mich, als stürzte ich von einer Klippe. Mir wurde fast schwindelig, aber es war ein durchaus angenehmes Gefühl. Ich fiel in mein Inneres und ließ es ohne jeden Widerstand und ohne jede Erwartung geschehen. Irgendetwas Unwiderstehliches zog mich wie ein kosmischer Magnet in diese Richtung.

Zeit und Raum verloren jede Bedeutung. In Sekundenschnelle zog ich an Tausenden von Sternen und Lichtern vorbei, bis mich plötzlich etwas zum Stillstand brachte. Meine Reise endete auf sehr sanfte Weise: Ich konnte Farben, Wellen von Licht und Energie wahrnehmen, spürte die Gegenwart anderer Wesen und konnte mich so frei bewegen, als gäbe es an diesem Ort überhaupt keine Schwerkraft.

Lady Ana schwieg. Zu meiner Verblüffung sah ich sie ganz in meiner Nähe, an dem Ort, wo mein Geist angekommen war. Aber sie war nicht nur in ihrer menschlichen Gestalt anwesend, sondern von prächtigen Strömen des Lichts und der Farben eingehüllt, was überaus schön und eindrucksvoll wirkte. Ich fühlte mich innerlich ruhig und von allem losgelöst. Irgendetwas beschützte mich, wie ich wusste.

Ich konnte alles sehen, was ich zu sehen begehrte. Durch reine Absicht konnte ich mich zu jedem Ort im Universum bewegen, alles erschaffen, was ich wollte, und mich jedem an jedem beliebigen Ort im Universum mitteilen.

Meditation 8

Zugang zum Herzen durch Prana

Ich habe nicht die Absicht, euch mit diesem Buch in alle Methoden des Kriya Yoga einzuführen, denn dieser Schritt verlangt die persönliche Berührung und Überwachung durch einen Kriya-Meister. Allerdings möchte ich meine Erfahrungen bei der Ausübung des Kriya des Herzens gern mit euch teilen.

Denkt daran, dass wir, um spirituelle Gnade zu erlangen, kontinuierlich Übungen durchführen müssen. Lahiri Mahasayas Motto lautet: »*Banat, Banat, ban jay!*« (Tun, tun, dann ist es eines Tages getan!)

Einige Jahre der Übung reichten dazu aus, dass ich meine Zunge schließlich in die Khechari-Mudra-Stellung bringen, beim Kriya Pranayama rhythmisch atmen und ein kontemplatives Gebet anstimmen konnte.

Nach einer Weile begann mein Herz dann fortwährend Schwingungen zu erzeugen, wie ein kosmischer Pulsar, der regelmäßig Lichtimpulse ausstrahlt. Es ist wie ein innerer Ruf, dem ich mich nicht widersetzen kann. Oder auch wie ein innerer Magnet, der meine ungeteilte Aufmerksamkeit zu meinem Herzen zieht. Ein warmes Gefühl umfängt dann meinen Brustkorb und hüllt meinen ganzen Körper wie ein schützendes Lichtfeld angenehm ein.

Anschließend beginne ich mich wie ein Lichtfunke im Universum innerhalb meines Körpers zu bewegen. Manchmal dauert es auf der unendlichen Reise zu meinem Herzen Stunden, den Raum voller Galaxien und Quasare, Sonnensysteme und Sterne zu durchqueren. Recht oft befinde ich mich noch irgendwo auf halber Strecke der Reise, wenn ich merke, dass bereits drei oder vier Stunden vergangen sind und ich wieder in den Tag zurückkehren muss. Dann öffne ich die Augen und spüre noch mindestens ein, zwei Stunden lang Schwingungen im ganzen Körper, besonders in der Herzgegend.

Immer wenn es mir gelang, Zeit und Raum zu durchqueren und im Herzen anzukommen, fühlte ich mich wie neugeboren und verwandelt. Ich fühlte mich rein, unschuldig und verbunden mit der Göttlichkeit.

Meditation 9

Die Methode von Simeon dem Neuen Theologen

Wenn ich durch das Herzensgebet Zugang zum Herzen erlange, wende ich ausgiebig die Methode Simeons des Neuen Theologen an, die klare und direkte Anweisungen enthält. Allerdings werden dabei Glauben und Geduld auf die Probe gestellt. Wir sollten uns an dieser Stelle wieder Meister Lahiri Mahasayas Motto ins Gedächtnis rufen: »*Banat, Banat, ban jay!*« (Tun, tun, dann ist es eines Tages getan!)

Als Erstes will ich die Vorgehensweise beschreiben und dann über meine Erfahrungen damit berichten.

Zunächst müssen wir einen ruhigen Ort finden, an dem wir meditieren, beten oder spirituelle Übungen durchführen können. Es empfiehlt sich, möglichst immer denselben Ort zu wählen, denn wir laden ihn mit einer bestimmten Schwingung auf, die uns stets dabei hilft, uns schneller mit unserem Inneren Selbst zu verbinden.

Anschließend lassen wir das Kinn auf der Brust ruhen und konzentrieren den Blick auf die Mitte unseres Bauches oder unseren

Nabel. Unsere ganze Aufmerksamkeit richten wir einzig und allein darauf, ohne die Gedanken umherschweifen zu lassen.

Und dann müssen wir aufhören zu denken. Simeon der Neue Theologe sagt, dass wir unseren Geist von allem Wertlosen befreien müssen.

Nun müssen wir für ruhigen Atem sorgen, indem wir sehr langsam und sanft atmen.

Während wir weiterhin auf den Bauch blicken und langsam atmen, schließen wir die Augen und beginnen, nach dem Platz des Herzens in uns zu suchen, wo, wie die Mystiker sagen, alle Kräfte der Seele sitzen.

Anfangs werden wir nur auf Dunkelheit und eine undurchdringliche Dichte stoßen. Doch wenn wir uns Tag und Nacht darin üben, werden wir dort auf wundersame Weise endlose Freude finden.

Sobald wir den Ort unseres Herzens ausgemacht haben, werden wir, wie der Meister sagt, Dinge sehen, die uns vorher gar nicht bewusst waren. Wir werden einen offenen Raum im Herzen wahrnehmen, der von Licht durchströmt und voller Erkenntnisse ist. Von diesem Augenblick an wird jeder eventuell auftauchende ablenkende Gedanke unverzüglich verschwinden, ehe er voll ausreifen kann.

Meditation 10

Die Atemmethode des Mönchs Nikephoros

Nikiphoros empfiehlt uns nachdrücklich, einen Meister oder Lehrer zu finden, der uns auf dem spirituellen Weg anleiten kann, damit wir leichter Zugang zum Herzen erlangen. Er fordert uns auf, sorgfältig und fortwährend nach einem spirituellen Führer zu suchen. Hat das keinen Erfolg, müssen wir uns von unseren weltlichen Bindungen lösen, uns Gott zuwenden und damit beginnen, die Übungen allein durchzuführen.

Wie bei den bereits vorgestellten Methoden müssen wir als Erstes einen ruhigen Ort finden, an dem wir meditieren, beten und unsere spirituellen Übungen durchführen können. Auch in diesem Fall empfiehlt es sich, immer denselben Ort zu nutzen, da wir ihn mit besonderen Schwingungen aufladen, die uns bei unseren Übungen helfen.

Danach müssen wir unsere Gedanken konzentrieren und sie zu den Atemwegen leiten, durch die unser Atem ins Herz gelangt. Dabei müssen wir mehr und mehr Druck auf unsere Gedanken ausüben und sie zwingen, zusammen mit unserem Atem ins Herz zu strömen. Der Mystiker sagt, dass sich unser Denken, sobald es im Herzen angekommen ist, mit der Seele vereint und uns dann unbeschreibliche Freude erfüllt.

Wir müssen unser Denken dazu erziehen, das Herz nicht allzu schnell wieder zu verlassen, denn anfangs wehrt sich das Denken dagegen, sich in dieser Weise einschränken zu lassen. Doch wenn es sich erst einmal daran gewöhnt hat, dort auszuharren, will es sich gar nicht mehr aus dem Herzen lösen.

Danach verlieren alle äußerlichen Dinge an Bedeutung und werden an den Rand gedrängt. Wenn es uns nach den ersten Versuchen gelungen ist, mit unserem Denken ins Herz einzutreten, sollten wir Gott danken und diese Übung beharrlich und für längere Zeit fortsetzen.

Mir gefällt diese Methode wirklich sehr gut. Vor Nikephoros hatte schon Buddha sie mit seinen Schülern praktiziert. Die Meister aus Tibet und dem Himalaya wenden sie heute immer noch an. Buddha riet seinen Schülern damals, sich zu jeder Tageszeit darin zu üben, besonders aber vor dem Einschlafen. Diese Methode hilft dabei, aus dem Herzen heraus zu träumen, und die Träume sind dann rein, also nicht durch negative Gedanken verunreinigt.

Ich praktiziere diese Methode gern an einem ruhigen Ort – sofern möglich, mitten in freier Natur. Aber man kann sie überall anwenden. Manchmal mache ich das während meiner Reisen sogar im Flugzeug, und auch das klappt sehr gut.

Anfangs versuche ich ein paar Minuten lang, mein Atemmuster zu erspüren, ohne es zu verändern. Unabhängig davon, ob ich tief oder flach atme oder mein Atem vielleicht sogar kurz aussetzt, beobachte ich ihn, ohne einzugreifen.

Dann versuche ich, meine Gedanken dem Atemfluss folgen zu lassen, so wie ein Blatt der Strömung eines Flusses folgt. Hin und wieder ist das nicht ganz einfach, weil mein Denken versucht, sich vom Atemfluss zu lösen und ihm zu entkommen.

Auf dem spirituellen Weg liegt der Schlüssel zum Erfolg tatsächlich darin, mit Achtsamkeit und Intention vorzugehen sowie die eigenen Gedanken zu beobachten und zu überwachen, genau wie die Mystiker gesagt haben.

Nachdem ich durch das Einatmen in mein Herz gelangt bin, empfinde ich solches Glück und solche Freude, wie es sich in Worten gar nicht ausdrücken lässt. Mein Denken hat sich mit meiner Seele vereint und mich erfüllen Frieden und innere Harmonie.

Doch ich muss mich auch weiterhin auf mein Denken konzentrieren, damit es das Herz nicht zu schnell verlässt. Bei dieser Übung neigt das Denken nämlich, wie gesagt, dazu, vom Herzen ins Gehirn zurückzukehren.

Doch irgendwann verlieren alle äußerlichen Dinge ihre Bedeutung. Ich löse mich völlig davon und empfinde nur noch inneren Frieden. Stets spreche ich dann ein Gebet und danke Gott.

Meditation 11

Nikephoros' Methode der Konzentration auf das Herz

Der Meister rät uns, diese Methode dann anzuwenden, wenn wir trotz aller Übungen mit der *Atemmethode* nicht ins Herz gelangen konnten.

Als Erstes müssen wir dabei alle Gedanken vollständig aus unserem Kopf verbannen. Dann konzentrieren wir uns auf den Brustkorb, das heißt auf den Platz des Herzens, und sprechen unablässig das »Jesusgebet«: *Herr Jesus Christus, erbarme dich meiner. Herr Jesus Christus, du Sohn Gottes, erbarme dich meiner. Herr Jesus Christus, du Sohn Gottes, hab Erbarmen mit mir Sünder.*

Wenn wir uns weiter auf das Herz konzentrieren und das Gebet ständig wiederholen, öffnet sich unser Herz nach einiger Zeit und wir können dann mühelos die erste Technik, die *Atemmethode*, anwenden, um ins Herz zu gelangen.

Wie Nikephoros uns mitteilt, werden uns genau in dem Moment, in dem wir deutlich spüren, dass uns durch die Atemmethode der Zugang ins Herz auf einmal mühelos gelingt, alle von uns ersehnten Gaben wie Liebe, Freude und innerer Frieden zuteil werden.

Ich empfinde diese Methode als sehr leicht und angenehm. Als ich sie das erste Mal ausprobierte, wurde mein Verstand nach wenigen Tagen völlig ruhig und gelassen und mich verließen alle störenden Gedanken.

Besonders in Indien und Tibet ist diese Methode in Verbindung mit verschiedenen Gebeten und Mantras weit verbreitet.

Der große Kriya-Meister Lahiri Mahasaya benutzte sie und stimmte das Gebet dabei auf die jeweilige Gruppe von Schülern ab, die er unterrichtete. Während er in einer Gruppe das Vasudeva-Mantra *Om Namo Bhagavate Vasudevaya* sprechen ließ, war es in einer anderen Gruppe das *Lâ Ilâha Illâ Allâh*.

Ich selbst setze oft das tibetische Gebet der Liebe und des Friedens ein: *Ich bin reine Liebe und Glückseligkeit und befinde mich in Licht und Frieden.*

Meditation 12

Die neun Stufen des Betens der Heiligen Teresa von Ávila

Die Heilige Teresa erklärt, dass es neun Stufen des Betens gibt, allerdings nicht neun verschiedene Techniken, wie Übungsteilnehmer häufig annehmen. Sobald wir mit dem kontemplativen Gebet begonnen haben, durchlaufen wir einzelne Stufen, bis wir auf der höchsten Bewusstseinsebene ankommen.

Unter Verwendung verschiedener Meditationsmethoden konnte ich auf natürliche Weise Zugang zum Herzen erlangen und später noch einen besonderen Zustand ausmachen, den die Mystikerin in ihren Lehren beschrieben hat.

Der Heiligen Teresa von Ávila nach gibt es die folgenden neun Stufen des Betens:

1. Mündliches Gebet
2. Meditation
3. Emotionales Gebet
4. Aktive Rückbesinnung
5. Eingegebene Rückbesinnung
6. Gebet der Stille
7. Gebet der Einheit

8. Gebet der ekstatischen Vereinigung
9. Gebet der transformierenden Vereinigung

Unten folgt eine kurze Beschreibung jeder Stufe, damit deutlicher wird, wie diese Stufen uns dabei helfen können, eine Verbindung zu unserem Herzen herzustellen.

 *Mündliches Gebet*
Die Heilige Teresa empfiehlt Anfängern als Erstes diese Stufe. Wir wählen ein Mantra oder ein Gebet aus, das in uns tiefe Hingabe und große Leidenschaft entfacht, und fangen an, es zu wiederholen. Die spanische Mystikerin teilt uns mit, dass dies die Tür ist, durch die wir die »innere Burg« betreten.

 *Meditation*
Auf einige Zeit des mündlichen Betens folgt eine Stufe, auf der wir gegen Ablenkungen und Störungen ankämpfen. Dabei müssen wir manchmal kurz innehalten und das Mantra oder Gebet so lange wiederholen, bis wir inneren Frieden finden.

 Emotionales Gebet
Das ist die Stufe, auf der wir unser Herz finden. Wir empfinden inneren Frieden und Freundlichkeit und können ein inneres Licht sowie eine innere Schwingung wahrnehmen und spüren.

 *Aktive Rückbesinnung*
Auf dieser Stufe setzt sich das Gebet oder Mantra auf natürliche Weise fort. Wir fühlen uns wie in Trance und alles ringsum erscheint uns wie ein Traum.

 *Eingegebene Rückbesinnung*
Hier spüren wir nach und nach tatsächlich die Gegenwart Got-

tes in unserem Inneren. Es ist die Stufe, auf der wir fühlen, wie die göttliche Gnade Einzug in unser Herz hält.

 Gebet der Stille
Das ist die erste Stufe des fortgeschrittenen Gebets. Unsere Erinnerungen verblassen allmählich und wir spüren, wie die persönliche Wahrnehmung Gottes unsere Seele und unseren Körper durchdringt. Diese Phase wird auch als erste Stufe des mystischen Gebets bezeichnet.

 Gebet der Einheit
Hier werden all unsere inneren Eigenschaften von Gott eingenommen. Unsere Erinnerung und Vorstellungskraft sind vollkommen von göttlicher Gnade erfüllt. Die Intensität dieser mystischen Erfahrung ist unbeschreiblich.

 Gebet der ekstatischen Vereinigung
Die letzten beiden Stufen – die ekstatische Vereinigung und die transformierende Vereinigung – sind die tiefsten Phasen des mystischen Gebets. Bei der ekstatischen Vereinigung fühlen wir uns, als befänden wir uns auf einem berauschenden Flug. Manchmal steigt unser Körper dabei im wahrsten Sinne des Wortes in den Raum auf. Hin und wieder löst sich die Seele auch von selbst aus dem Körper. Dieses Erlebnis ist so tiefgreifend, dass man sich wünscht, es würde niemals enden.

 Gebet der transformierenden Vereinigung
Viele Mystiker setzen diese letzte Stufe des mystischen Gebets mit einer »mystischen Hochzeit« gleich. Es ist der höchste Grad der Vollendung, den man in diesem Leben erreichen kann. Die Seele geht dabei ganz und gar in dem EINEN auf und man empfängt bedingungslose göttliche Liebe. Die Mystiker sagen, dass unsere Seele dabei die Heilige Dreifaltigkeit – den allmäch-

tigen Vater, den ewigen Sohn und den unendlichen Geist (die Mutter) – vollständig in sich aufnimmt.

Von der dritten Stufe bis zur letzten hat unser Herz die Vorherrschaft. Ich konnte die Gegenwart Gottes in meinem Inneren spüren. Die »Rückbesinnung« ist eigentlich die Erinnerung daran, wer wir in Wahrheit sind.

Es gibt zwei verschiedene Arten der Rückbesinnung, und die spanische Mystikerin bemüht sich, uns zu beiden Hinweise zu geben. Auf der vierten Stufe, der »aktiven« Rückbesinnung, fühlte ich mich fast betäubt – so wie in einer Trance. Danach, auf der fünften Stufe, der »eingegebenen« Rückbesinnung, empfing ich göttliche Gnade.

Die letzten vier Stufen lassen sich nicht in Worte fassen. Es sind mystische Phasen, in denen ich manchmal kurz ahnte, was die »mystische Hochzeit«, die Einheit mit dem Göttlichen, bedeutet.

In diesen Phasen empfand ich innerlich auch einen starken, aber ekstatischen Schmerz. Hin und wieder verlor ich dabei das Bewusstsein und wurde fast ohnmächtig. Es kam auch vor, dass ich minutenlang nicht atmete.

Meine Augen füllten sich dann mit Tränen und das Erlebnis war so intensiv, dass ich mich beinahe so fühlte, als hätte ein Pfeil mein Herz durchbohrt. Der Schmerz war süß, zugleich aber auch heftig. Ich vermied es, Nahrung zu mir zu nehmen, damit das Erlebnis nicht plötzlich endete. In dieser Phase könnte ich mein Leben lang ausharren und einfach nur die göttliche Gnade in meiner Seele genießen.

Meditation 13

Zugang zum Herzen durch Herzmetaphorik

Eine der leichteren Methoden, Zugang zum Herzen zu erlangen, ist die Herzmetaphorik. Vor allen schwierigeren Übungen in dieser Bildsprache gaben mir die Meister Karma Dorje und Tenzi Dhargey gewöhnlich erst einmal eine leichte Übung auf, bei der ich mich vom Gehirn zum Herzen bewegen sollte. Sie teilten mir mit, dass man sich diese Methode auf völlig natürliche Weise aneignet und besonders Kinder sie mühelos erlernen.

Hier eine kurze Zusammenfassung der Vorgehensweise:

Wähle als Erstes eine bequeme Körperhaltung mit geradem Rücken. Dann schließe die Augen und atme drei Mal aus. Nun atme normal ein und danach tief und langsam durch den Mund aus. Sieh beim Ausatmen zu, wie all deine Probleme, Fragen, Sorgen und inneren Konflikte dich mit dem Ausatmen verlassen und verschwinden. Danach atme wieder normal ein und aus.

Jetzt erkenne, fühle und spüre, dass du dich in einem großen Haus befindest. Stell dir einen Raum ganz oben im Haus vor; es ist der Raum des Gehirns. Eine Wendeltreppe führt von der Raummitte (und der Mitte deines Gehirns) nach unten – in die

Mitte deines Brustkorbs. Steige ganz bewusst diese Treppe hinunter. Wenn du in der Mitte deines Brustkorbs ankommst, verlasse die Treppe und wende dich langsam nach links.

Dort befindet sich eine Tür, die in dein Herz führt. Du kannst dir dabei jede Art von Tür vorstellen.

Öffne die Tür und trete in dein Herz ein. Denke daran, die Tür wieder hinter dir zu schließen.

Jetzt erkenne, fühle und spüre die Kraft und Liebe, die von deinem Herzen ausgeht.

Wenn du den Abschnitt über diese Methode drei oder vier Mal liest und sie dann ausprobierst, wird es dich verblüffen, wie einfach es ist, Zugang zum Herzen zu bekommen.

Ich möchte an dieser Stelle ein paar Empfehlungen für diese Übung geben, besonders für den Fall, dass du sie zum ersten Mal durchführst.

Wenn du dich erst einmal im Herzen befindest, wirst du Bilder, Orte, Welten und Gesichter dir bekannter und unbekannter Menschen erblicken. Um sicherzugehen, dass du dich wirklich im Herzen befindest und es dir nicht nur einbildest, kläre, ob das Licht im Inneren des Herzens polarisiert ist oder nicht.

Das ist ein sehr einfacher Schritt. Wenn das Licht polarisiert ist, wie im Gehirn, können wir deutlich die Schatten von Gegenständen oder Menschen erkennen. Das liegt daran, dass es eine Lichtquelle gibt: die Sonne. Nur wo Licht ist, ist auch Schatten. Doch das Licht im Herzen ist nicht polarisiert und es gibt dort keine Schatten.

Meditation 14

Natürlicher Zugang durch das Herzchakra

Der intuitive Zugang zum Herzen beginnt mit einer gründlichen Säuberung von emotionalen Traumata und quälenden, beunruhigenden Erfahrungen, die wir im Leben gemacht haben. Alle Meister, denen ich bislang begegnen und mit denen ich bis heute zusammenarbeiten durfte, haben dasselbe gesagt: Der beste Weg, sich von diesen Erfahrungen zu reinigen, besteht darin, allen Menschen zu vergeben, mit denen wir Konflikte oder Zerwürfnisse hatten.

Das mag schwierig und manchmal sehr anstrengend sein, aber wenn man den Menschen, mit denen man Reibungen und Spannungen hatte, vergibt, reinigt es von allen bis dato bestehenden negativen Gefühlen, die unseren Geist durch unnötige, Energie verzehrende Gedanken ablenken.

Wenn wir das Gefühl haben, den Weg freigemacht und allen Menschen vergeben zu haben, mit denen wir Streit hatten oder die uns verletzt haben, sind wir bereit, auf dem intuitiven Weg des Herzchakras der bedingungslosen Liebe Zugang zum Herzen zu finden.

Sobald wir uns von allen negativen Gedanken gelöst haben, sind die einzelnen Schritte dazu leicht durchzuführen.

Als Erstes müssen wir uns von der Gehirnmitte, wo das Zirbeldrüsenchakra sitzt, zum Halschakra unten an der Kehle bewegen, danach zum oberen Herzchakra (dem Chakra der Emotionen), das sich ziemlich genau auf Höhe der Thymusdrüse befindet, und schließlich bis zum unteren Herzchakra, dem Chakra der bedingungslosen Liebe.

Von dort aus müssen wir uns von unserem Inneren Selbst oder dem Höheren Selbst zum Herz führen lassen. Das physische Herz liegt leicht links vor diesem Chakra. Deshalb müssen wir unsere Aufmerksamkeit in diese Richtung lenken. Wir verbinden unsere Aufmerksamkeit mit nachdrücklicher Absicht und werden so bald ins Herz gelangen. Manchmal braucht man dazu zahlreiche Versuche, doch wenn wir uns erst einmal an diese Methode gewöhnt haben, erscheint uns ihre Anwendung irgendwann wirklich leicht und ganz natürlich.

Meditation 15

Zugang zum Herzen durch die Erdmethode

Alle Ureinwohner kennen ein uraltes Geheimnis: Wenn wir uns mit dem Herzen der Erde verbinden, können wir auf völlig natürliche Weise Zugang zu unserem Herzen bekommen. Sie sagen, das sei ganz leicht.

Als Erstes suchst du dir einen Platz mitten in der Natur, an dem du entspannen kann, schließt die Augen und atmest rhythmisch aus und ein. Es soll ein ruhiger Ort sein, an dem du die Vögel singen hören und spüren kannst, wie ein leichter Wind über deine Haut streicht. Vielleicht hörst du dort auch, wie das Quellwasser leise ins Tal rinnt oder wie Wellen ans Ufer schlagen. Es muss nur irgendein Ort sein, an dem du dich entspannt fühlst und die Natur ringsum genießen kannst. Du kannst dort ruhig barfuß gehen, damit deine Sohlen sanft den Erdboden oder das Gras berühren können.

Während du dich entspannst, lass die Augen geschlossen und versuche dein Herz in der Mitte des Brustkorbs zu erspüren. Verlangsame dein Atmen und lausche auf den Herzschlag. Spüre die Liebe zu diesem Ort, zur Mutter Erde.

Lass zu, dass diese Liebe in dir wächst. Dann erkenne, spüre und fühle, wie ein Lichtstrahl von deinem Herzen zum Herzen von Mutter Erde, dem Mittelpunkt der Erde, führt. Lass all deine Liebe durch diesen Lichtstrahl zum Herzen von Mutter Erde fließen. Spüre und erkenne im wahrsten Sinne des Wortes, wie Wellen von Liebe und Licht von deinem Herzen zum Herzen von Mutter Erde strömen.

Richte alle Achtsamkeit und Aufmerksamkeit auf diesen Vorgang, dann wirst du bald Mutter Erdes Erwiderung wahrnehmen. Es ist, als strömte eine warme Wolke aus Licht von unten herauf – zunächst durch deine Füße, dann weiter nach oben, bis sie jedes Atom deines Körpers durchdringt.

Diese Energie beruhigt deine Gedanken und Erinnerungen. Du fühlst dich geschützt und vor jeglicher Gefahr sicher. Deine kosmische Mutter hilft dir und beschützt dich.

Es kann sein, dass diese mächtige Schwingung noch Stunden in dir nachwirkt. Oder sogar Tage, sofern du dich gern in der freien Natur aufhältst oder dort tätig bist.

Meditation 16

Zugang zum Herzen durch das Dritte Auge

Diese Meditation ist überhaupt nicht schwer durchzuführen. Die einzige Vorbedingung besteht darin, für eine ähnliche Umgebung wie meine im Himalaya zu sorgen. Das heißt, man sollte sich einen ruhigen Ort suchen und alle Lichter löschen. Die Dunkelheit hilft einem dabei, sich mühelos zum Herzen zu bewegen und das innere Licht zu nutzen.

Als Erstes musst du die Augen schließen, selbst wenn du im Dunkeln sitzt, und anfangen, rhythmisch zu atmen. Während du dein Einatmen und Ausatmen überwachst, löse dich nach und nach von all deinen Gedanken und Sorgen, Ängsten und Problemen. Lege deine Handflächen nach ein paar Minuten sanft auf deine geschlossenen Augen und lass zu, dass sie deine Augäpfel berühren. Die Berührung muss so vorsichtig sein, dass du sie kaum spürst – und auch ganz leicht, wie die einer Feder oder die von Seide. Es sollte eher ein Gefühl als eine wirkliche Berührung sein.

Wenn du es richtig anstellst, gerät die Energie in deinem Inneren in Bewegung. Sie strömt in dir zurück. Beginnt die Energie sich in diesem Bereich zu sammeln, fühlt sich das an, als würdest du die Tür deiner Augen schließen; das geschieht im Bereich des Dritten Auges. Das liegt zwischen deinen Augen, auf der Stirnmitte und zugleich im Mittelpunkt deines Gehirns. Sofort wirst du die Leichtigkeit im Bereich der Augen, des Gesichts und des Kopfes spüren. Du wirst dich leicht wie eine Feder fühlen, da die Energie, die zurückströmt, sich im Bereich zwischen deinen Augen bewegt und dann in dein Herz fließt.

Nun solltest du dich fühlen, als würdest du vom Boden abheben – so, als gäbe es keine Schwerkraft. Du solltest spüren, wie Leichtigkeit in dein Herz einzieht. Dein ganzer Körper wird sich entspannen und dein Atmen sich im Einklang mit deinem Herzschlag verlangsamen.

Du solltest versuchen, deine Handflächen mindestens eine halbe Stunde lang auf den Augäpfeln zu lassen. Doch denk daran, dass die Berührung unbedingt leicht sein muss. Du darfst keinen Druck auf deine Augäpfel ausüben. Denk auch daran, dass deine Hände kein Gewicht haben dürfen. Falls du das mehr als eine halbe Stunde lang schaffst, wird deine Energie ständig von deinen Augen zum Herzen fließen.

Anfangs wird es nur ein Sickern sein, aber wenn du dich fortwährend darin übst – drei Monate lang Tag für Tag –, wird aus dem Sickern ein Wasserfall werden, der in dein Herz strömt. Die Leichtigkeit wird dein Herz durchdringen, und das Herz wird sich öffnen. Denk daran, dass nichts Schweres ins Herz eindringen darf, nur Leichtigkeit. Diese Energie der Leichtigkeit ist wie ein Sturzbach, der von den Augen ins Herz strömt, und das Herz öffnet sich ihm. Innerhalb von drei Monaten wirst du dich im Herzen befinden und spüren, dass du ins Zentrum des Universums treibst.

Meditation 17

Zugang zum Herzen durch Achtsamkeit und Intention

Diese Methode bezieht unsere ganze innere Energie ein, sowohl die männliche als auch die weibliche. Sie umfasst nicht nur das Herz, sondern auch das Gehirn und das Atmen, und ist von den Besonderheiten dreier Meister geprägt: von der Weisheit und dem Wissen Thoths, der Kraft und Energie Anastasias und der Sanftheit und Beherrschtheit Babajis.

Als Erstes musst du eine bequeme Körperhaltung finden, in der du dich nicht anspannst, jedoch den Rücken gerade hältst.

Entspanne nun die folgenden drei Spannungspunkte: die Augenbrauen, die Schultern und die Hüften.

Schließe die Augen und beginne rhythmisch zu atmen.

Dann beobachte deine Atmung, ohne in sie einzugreifen. Verfolge einfach dein Ein- und Ausatmen, ohne es zu verändern.

Entspanne jetzt deinen Kopf und lass das Kinn sanft auf die Brust sinken. Konzentriere dich drei, vier Sekunden lang auf den Frontallappen deines Gehirns. Neige deinen Kopf um etwa neunzig Grad zur linken Schulter, bis sich das linke Ohr über der linken Schulter befindet. Nun richte die Aufmerksamkeit drei bis vier Sekunden lang auf die linke Seite deines Gehirns.

Lege deinen Kopf zurück, als blicktest du zum Himmel auf. Richte deine Aufmerksamkeit drei, vier Sekunden lang auf die Rückseite deines Gehirns, auf den Hinterkopf.

Neige den Kopf zur rechten Schulter, bis sich dein rechtes Ohr darüber befindet. Richte deine Aufmerksamkeit nun drei, vier Sekunden lang auf die rechte Gehirnseite.

Dann bewege den Kopf in die erste Position zurück, bei der dein Kinn zur Brust geneigt war. Damit vollendest du das Kreisen deines Kopfes. Konzentriere dich nun drei, vier Sekunden lang erneut auf die Stirnseite deines Gehirns. Dann strecke deinen Rücken und fokussiere dich auf die Mitte deines Gehirns. Dort befindet sich das Chakra der Zirbeldrüse.

Wiederhole diesen Vorgang 12, 24 oder auch 36 Mal.

Jetzt beobachte deine Atmung, das Ein- und Ausatmen, und befehle ihr, sich zu verlangsamen. Du befiehlst wortwörtlich: »Verlangsame dich«, »verlangsame dich«, verlangsame dich ...«

Nach wenigen Sekunden wird sich dein Atmen verlangsamen, und du kannst nun deinen Herzschlag wahrnehmen, entweder als Geräusch oder als körperliches Gefühl.

Lausche sorgfältig auf deinen Herzschlag und stelle dir vor, dein Herz hätte sich in vier Bereiche aufgespalten: in den vorderen, den linken, den hinteren und den rechten Teil. Erspüre außerdem das Zentrum deines Herzens in der Mitte dieser vier Abschnitte, die du vor Augen hast.

Jetzt lausche wieder auf deinen Herzschlag oder erspüre ihn. Achte bei jedem Herzschlag auf jeden der vier Herzbereiche und zugleich auf den Mittelpunkt des Herzens und wiederhole für jeden Bereich das tibetische Seelen-Mantra: *Ich bin reine Liebe und Glückseligkeit. Ich bin in Licht und Frieden.*

Das machst du folgendermaßen:

Beim ersten Herzschlag konzentrierst du dich auf den vorderen Herzbereich und sprichst im Inneren das Wort *Ich*. Stell dir das Wort im vorderen Herzbereich vor, erblicke es dort!

Beim zweiten Herzschlag konzentrierst du dich auf die linke Herzseite, sprichst im Inneren das Wort *bin* und stellst es dir in der linken Hälfte des Herzens vor.

Beim dritten Herzschlag konzentrierst du dich auf den hinteren Bereich des Herzens, sprichst im Inneren das Wort *reine* und stellst es dir im hinteren Herzbereich vor.

Beim vierten Herzschlag konzentrierst du dich auf die rechte Herzseite, sprichst das

Wort *Liebe* und stellst es dir in der rechten Hälfte des Herzens vor.

Nun erspüre den fünften Herzschlag und richte deine Aufmerksamkeit wieder auf die Vorderseite des Herzens. Sprich geistig das Wort *und* aus und stelle es dir in der Vorderseite des Herzens vor.

Beim sechsten Herzschlag konzentrierst du dich auf das Innere deines Herzens und vollendest damit den ersten Teil der Übung. Richte die Aufmerksamkeit auf den Mittelpunkt des Herzens zwischen den vier Abschnitten, sprich das Wort *Glückseligkeit* und stelle es dir dort vor.

Nun setzt du diese Übung mit dem zweiten Teil des Mantras *Ich bin in Licht und Frieden* auf die gleiche Weise fort.

Wiederhole die Übung nach zwölf Herzschlägen, und zwar so lange, bis du im Zentrum deines Herzens Wärme und Leichtigkeit spürst.

Nach dreißig oder auch sechzig Minuten dieser Meditation – es hängt von der Zeit ab, die dir zur Verfügung steht – wirst du dich im wahrsten Sinne des Wortes in dein Herz fallen lassen können, direkt ins Zentrum seiner vier Abschnitte.

Und dann wirst du, wie mir die drei Meister mitteilten, herausfinden, wer du in Wirklichkeit bist.

Meditation 18

Zugang zum Herzen durch Nichtstun

Setz dich in völliger Stille mit geradem Rücken und halb geöffneten Augen hin und lass den Blick sanft auf den Dingen vor dir ruhen. Lass auch die Hände ruhen, indem du eine Hand über die andere legst (die Männer legen dabei ihre linke Handfläche über die rechte, die Frauen die rechte Handfläche über die linke), während die Daumen sich leicht berühren und mit den Rändern der Handfläche eine ovale Form bilden. Man kann mehr als einige Minuten in dieser Position verharren, sogar bis zu mehr als einer Stunde.

Die Achtsamkeit ist dabei auf nichts gerichtet. Man bleibt einfach nur aufnahmebereit und stets wachsam im gegenwärtigen Augenblick – im *Jetzt*.

Probiere diese Meditation einmal aus. Sie ist besonders schwierig, weil einem dabei Tausende von Gedanken, Hunderte von Auseinandersetzungen und Streitereien durch den Kopf schießen. Du wirst dabei dein Leben rekapitulieren, mit allem, was du durchgemacht hast, und dem, was dir gerade besonders zusetzt. Wenn du dich ein paar Monate darin geübt hast, wirst du dich bei dieser Meditation sehr schläfrig fühlen und zu träumen beginnen. Auch wenn deine Augen halb geöffnet sind und leicht nach vorne blicken.

Du wirst vielleicht träumen, halluzinieren oder schlafen. Du wirst dich fragen, wieso du deine Zeit mit dieser unsinnigen Übung verschwendest. Dein Ego wird dich davon zu überzeugen versuchen, wie albern du dich verhältst, wie armselig alle deine Versuche und Bemühungen sind. Dein Verstand wird dich auslachen und du wirst vielleicht enttäuscht sein. Du wirst dich in Erinnerungen und Problemen verlieren.

Aber gib nicht auf! Führe diese Übung weiterhin durch! Du musst versuchen, stets wachsam zu bleiben und im Augenblick zu leben. Eines Tages werden dein Verstand und dein Ego klein beigeben. Sie werden dich satt haben und die Idee, dich einzufangen, endlich fallen lassen.

An diesem Tag wird deine gesamte Energie in dein Herz fließen. Und plötzlich, wenn du gerade einfach nur dasitzt und gar nichts tust, wirst du in den Bereich von Göttlichkeit, Glückseligkeit und Frieden gelangen.

Der ganze Gedankenstrom wird dann versiegen und du wirst im Augenblick leben, im Inneren deines Herzens.

Meditation 19

Zugang zum Herzen durch Träumen

Der beste Weg zum Verständnis dieser Methode besteht darin, sich in dem zu üben, was die Meister »das Wissen des Herzens« nennen. In gewisser Hinsicht ähnelt dieser Zugang zum Herzen den von den Mystikern vom Berg Athos praktizierten Methoden und verlangt ebenfalls sehr große Achtsamkeit und bewusstes Wollen. »Das Wissen des Herzens« ist eine Übung, die man kontinuierlich durchführen muss, ungeachtet der Tages- oder Nachtstunde oder der Tätigkeit, mit der man vielleicht gerade beschäftigt ist.

Das bewusste Wollen – die Intention – dient dazu, die Konzentration auf das Herz aufrechtzuerhalten, und dabei ist die Achtsamkeit nur auf das Herz zu richten. Da unser Verstand darauf konditioniert ist, praktisch zu denken und ausschließlich das zu akzeptieren, was verifizierbar und quantifizierbar ist, fällt es nicht schwer, diese Übung ein paar Minuten oder sogar eine ganze Stunde lang durchzuführen. Karma Dorje und Tenzin Dhargey zufolge stellt dies den ersten Kontakt zu unserem intuitiven Wissen her. Das intuitive Wissen verleiht uns blitzartig Einsichten und Erkenntnisse.

Falls man diese Übung aber nicht fortwährend durchführt, machen sich Zweifel und Vergesslichkeit bemerkbar, denn unser Verstand und unser Ego kämpfen um ihre »Rechte«. Wenn wir jedoch irgendwann eine ständige Verbindung zu unserem Herzen herstellen können und unsere Achtsamkeit und Intention einzig auf das Herz konzentrieren, schaffen wir es, zu einer höheren Bewusstseinsebene zu gelangen: zum Träumen innerhalb des Traumzustands.

Dieses Bewusstsein durchdringt nach und nach unsere Träume. Sobald wir fähig sind, unsere Achtsamkeit und Intention ausschließlich auf das Herz zu richten, werden wir uns des Träumens bewusst und die Wirklichkeit ringsum zerfließt.

Die beschriebene Methode erfordert deshalb so viel Achtsamkeit, weil wir darauf vorbereitet sein müssen, den Sprung ins Unbekannte zu tun. Wenn ich innerhalb des Traumzustands träumte, konnte ich stets die Gegenwart beider Meister spüren. Es war, als erlaubten sie mir das Spiel mit dem Unbekannten, hielten sich aber trotzdem stets irgendwo in der Nähe auf, um mich dabei zu überwachen.

Da die Wahrnehmung hier an einem Punkt außerhalb des Körpers und der Sinne stattfindet, eröffnet diese Methode uns ein breites Spektrum an Möglichkeiten und weckt in uns außerordentlich viel Energie. Fortgeschrittenen Praktikern dieser Methode des Träumens innerhalb des Traums gelingt es, sich völlig aus der gesellschaftlichen »Normalität« zu lösen, ohne sich von der Welt zurückzuziehen.

Meditation 20

Die herzzentrierte Atemtechnik Heart-Focused Breathing™

1. Richte die Aufmerksamkeit auf die Herzgegend. Stell dir vor, dass dein Atem in dein Herz oder den Brustkorb strömt und wieder hinausfließt. Atme dabei etwas langsamer und tiefer als gewöhnlich.
2. Atme fünf Sekunden lang ein und fünf Sekunden lang aus (es darf auch ein anderer für dich angenehmer Rhythmus sein). Dein Atmen sollte unangestrengt und wohltuend sein. Je häufiger du diese Übung durchführst, desto leichter wird es dir fallen, locker und gleichmäßig zu atmen.
3. Stelle dir innerlich eine Situation vor, in der du glücklich warst, und schicke diese glückliche Erinnerung dann in dein Herz. Du kannst dir auch die liebevolle Zuwendung zu einem Menschen, Tier oder einem für dich schönen Ort in der Natur vorstellen.

Lege anfangs die Hand auf dein Herz. Das wird dir dabei helfen, dich auf dein Herz zu konzentrieren.

Drunvalo Melchizedek

Nur wenige Meister moderner Zeiten haben unseren spirituellen Weg so sehr beeinflusst wie Drunvalo Melchizedek. Er hat fünf Bücher verfasst: *Die Blume des Lebens*, Band 1 und 2, *Aus dem Herzen leben*, *Schlange des Lichts* und *Ein neuer Zyklus beginnt*. Diese Bücher wurden in 29 Sprachen veröffentlicht und in mehr als einhundert Ländern der Welt gelesen. Beiträge über ihn waren im Fernsehen und im Internet zu sehen und wurden in Zeitschriften, Zeitungen und Büchern in aller Welt abgedruckt.

Mehr als 280 Mal ist Drunvalo von den USA aus in andere Länder gereist. Er ist ein Weltreisender, der dazu beiträgt, dass die Menschen ihre enge persönliche Verbindung mit Gott begreifen. Er ist auch der erste Mensch der modernen Welt, der den menschlichen Lichtkörper (in alten Zeiten *Mer-Ka-Ba* genannt) mathematisch und geometrisch bestimmt hat. Und er ist Begründer der »Flower of Life Facilitators«, einer Vereinigung, in der die Dozenten der »Blume des Lebens« zusammengeschlossen sind, die seine Arbeit in mehr als sechzig Ländern weitergeben.

Mittlerweile hat Drunvalo auch die »School of Remembering« (»Schule des Erinnerns«) gegründet, in der seine neuesten und vollständigen Lehren vermittelt werden, und zwar von den »Awakening the Illuminated Heart Teachers«, einer Gemeinschaft von Lehrenden, die sich auf das »Erwecken des erleuchteten Herzens« konzentrieren. Sie haben ihre Tätigkeit inzwischen ebenfalls weltweit aufgenommen.

Drunvalo besuchte die University of California in Berkley und schloss sein Studium mit einem akademischen Grad in den Bildenden Künsten ab. Im Nebenfach studierte er Physik und Mathematik. Er lebt mit seiner Frau Claudette in Sedona, Arizona, und hat sechs Enkelkinder.

Die »Schule des Erinnerns« schuf er, um die persönliche Entwicklung von Menschen zu fördern und die Revolution, die sich derzeit im menschlichen Bewusstsein vollzieht, besser begreiflich zu machen. Die Schule konzentriert sich vor allem auf die Vermittlung von Erfahrungen, die einen tiefgreifenden Wandel der menschlichen Sichtweise, der Seele und des Herzens bewirken.

Jeder Mensch macht individuelle Erfahrungen, soweit es die Gesundheit, den inneren Frieden und das Wohlbefinden betrifft. Die Prozesse des Wandels können – abhängig vom Grad der persönlichen Wahrnehmung, der individuellen Schwingungen und der Erfahrung mit spirituellen Übungen sowie von der persönlichen Zielsetzung für das Leben auf diesem Planeten – ganz unterschiedlich verlaufen. Wir alle haben eine Bestimmung, und es liegt an uns, sie zu erfassen und den für uns vorgesehenen Platz zu gegebener Zeit einzunehmen.

Unser persönliches Glücksempfinden hat auf der körperlichen, mentalen, emotionalen und selbst auf der spirituellen Ebene in erster Linie mit unserer Energie und mit unserem Bewusstsein zu tun. Sobald wir neue Energien und neue Ebenen des Bewusstseins entdecken, tauchen auch wieder alte Denk- und Verhaltensmuster sowie Überzeugungen auf, die bislang unser Wahrnehmungsvermögen eingeschränkt haben und unterschwellig immer noch da sind.

Drunvalo hilft den Menschen, die eigenen Barrieren zu überwinden und die eigenen Fähigkeiten zu erkennen, damit es ihnen gelingt, sich an ihren persönlichen Platz im Universum zu erinnern und ihn wieder einzunehmen.

Weitere Informationen findet man auf seiner Website www.drunvalo.net.

Daniel Mitel

Als Meister der Meditation ist Daniel Mitel weltweit unterwegs und verhilft Menschen zum Verständnis ihrer engen persönlichen Verbindung mit ihrem Inneren Selbst. Er ist heutzutage der Erste und Einzige, der den Ursprung der uralten *Traumbilder des Herzens* bestimmen und erklären kann. Diese Bildsprache – sie stammt aus den uralten tibetischen, sumerischen und vedischen Schulen, die sich mit den spirituellen Mysterien befassten – bezieht sich auf die höchste Zahl solcher Schulen: 555. Sie hat mit der adamischen Rasse, der Kraft des Träumens und einer grundlegenden Revision der Vergangenheit, Gegenwart und Zukunft zu tun.

Daniel begann 1981 Zen-Meditation zu lehren. Von 1981 bis 1992 praktizierte er die Meditation des »Atmens über den Rücken«. Erst später fand er heraus, dass er tatsächlich das Kriya Pranayama des Kriya Yoga von Großmeister Babaji praktizierte. Seit 1996 leitet er Workshops in aller Welt – die »Meditationstage« und Seminare über die Traumbilder des Herzens.

Nachdem er einige Jahre nördlich von Tibet mit dem Studium von Meditationen verbracht hatte, gründete er 1999 die

»Schule des Herzens« und zehn Jahre später die »Schule der Meditation« in Toronto.

Als international tätiger Lehrer und Meister der Kampfkünste (er ist Meister des Tai Chi und hat den Schwarzen Gürtel Fünften Grades im Karate der World Japan Karate Association) hat sich Daniel zum Ziel gesetzt, die Welt zu einer Umkehr – von der Gewalttätigkeit zum Frieden und vom Zorn zur Liebe – zu inspirieren. Durch seine Arbeit, seine Workshops und spirituelle Zusammenkünfte hat er bereits das Leben von vielen tausend Menschen verändert.

Seine umfangreiche wissenschaftliche Ausbildung umfasst einen Bachelor of Science in Technischer Informatik, den Bachelor of Economy ehrenhalber, ein Diplom in Management und den Master of Business Administration der Open University Business School in Großbritannien.

Als Mitbegründer der Organisation »Motivate Yourself« und in der Rolle eines Botschafters der »Global Coherence Intitiative« innerhalb des HeartMath®Institute bietet er Unternehmen in aller Welt Ausbildungsprogramme an.

Bei einem weiteren Projekt, »Beyond the Limits«, arbeitet er mit dem Botschafter des UN-Umweltprogramms und dem Leiter von SOLAR IMPULSE, Bertrand Piccard, zusammen. Es ist ein weiterer Schritt dazu, der Menschheit dabei zu helfen, eine sauberere Umwelt und eine gesündere Zukunft zu schaffen.

Nach seinen Übungen unter Anleitung der großen tibetischen Lama-Meister arbeitete Daniel mit einer Gruppe bekannter Meister verschiedener Meditationsschulen zusammen, die ihre Schülerinnen und Schüler lehren, aus dem Herzen heraus zu leben – mit Osho, dem Dalai Lama, Babaji, Lahiri Mahasaya, Sri Yukteswar, Paramahansa Yogananda, Paramahansa Hariharananda, Paramahansa Prajnananda, Ana Pricop, Di Yu Ming, Sadhguru, Drunvalo Melchizedek und Anastasia.

Neben der Leitung eigener Workshops, darunter die »Meditationstage«, »Kriya Yoga«, »Traumbilder des Herzens«, »Ein Wochenende mit den Meistern« und »Reisen ins Herz«, leistete er auch »Geburtshilfe« bei der Etablierung des Workshops »Awakening the Illuminated Heart« (»Erwecken des erleuchteten Herzens«), abgekürzt ATIH. Drunvalo ernannte ihn zum Mitglied des ersten Dozentenbeirats der ATIH-Ausbildung, die von der »Schule des Erinnerns« durchgeführt wird. In seiner Funktion als Mentor hat Daniel ATIH-Lehrer aus allen Teilen der Welt unterstützt und ausgebildet.

Mit seinen spirituellen Seminaren vermittelt er jedem, der eine neue Lebensorientierung sucht, eine Botschaft der Hoffnung und alternativer Möglichkeiten. Diese Lebensorientierung bedeutet ein Leben aus dem Herzen heraus.

Daniel bot sich auch die Gelegenheit, mit Indigo-Kindern aus aller Welt zu arbeiten. Er bringt ihnen Meditationstechniken und

Tai Chi bei. Ständig und in allen Teilen der Welt lädt man ihn zu Interviews ein und bittet ihn um Artikel für Zeitschriften und Online-Publikationen wie *Spirit of Ma'at, Collective Evolution, Vision, Lilou Mace* und *OM Times*. Er ist einer der prominentesten Meister der Meditation und weltweit bekannt, nicht zuletzt deshalb, weil er aufzeigt, zu welcher inneren Stärke man durch die bedingungslose Liebe des Herzens gelangen kann.

Daniels Bücher *This Now Is Eternity* (»Hier & Jetzt«) und *Heart Imagery* (»Traumbilder des Herzens«) liegen noch nicht auf Deutsch vor. Sie gelten in aller Welt als herausragende Anleitungen zur Meditation und zu einem spirituellen Leben, werden zu den besten Meditationsbüchern überhaupt gezählt und sind bei AMRA in Vorbereitung.

Aus dem vorliegenden Buch heraus hat Daniel zwei Seminare entwickelt: »Journeys Into The Heart – Part 1. The Inner Path; Part 2. The Higher Self«. Lehrer dazu findet man auf seiner Website www.TheSchoolOfTheHeart.com unter dem Menüpunkt »Teacher«.

Diese Seminare können auch als Vorbereitung für den ATIH-Kurs (»Erwecken des erleuchteten Herzens«) von Drunvalo Melchizedek dienen oder von allen, die den ATIH-Kurs bei Drunvalo oder einem seiner zertifizierten Lehrer schon absolviert haben, als Vertiefung oder weitere Übung genutzt werden, um noch auf anderen Wegen in die heilige Herzkammer zu gelangen.

Weitere Informationen zu Daniels Büchern und Workshops findet man auf seiner englischsprachigen Website www.danielmitel.com.

Register

zusammengestellt von Michael Nagula

A
Aborigines 115
Absicht 15, 16, 45, 47, 69, 76, 81, 83, 85, 114, 142, 165, 166, 177, 178, 194
Achtsamkeit 6, 43, 45-47, 81, 85, 91, 93, 117, 121, 131, 142, 143, 163, 184, 196, 199, 203, 205, 206
Adamiten 18, 99, 103, 212
Ägypten 7, 30, 40, 41, 131
Ängste 59, 127, 157, 197
Aggression 40
Ahornbaum 43
Akasha 60
Allah 93, 186
Anastasia 61, 131, 199, 214
Arbeit 21, 44, 45, 47-49, 59, 62, 64, 67, 70, 73, 84, 85, 113, 130, 141, 150, 152, 156, 193, 209, 213, 214
Astralwelt 52
Atem 51, 80, 87, 88, 90, 91, 158, 181-184, 207
Atemtechnik 6, 71, 89, 92, 157, 158, 163, 185, 207
Athos 5, 78, 80, 81, 83, 142, 147, 205
Atlantis 131
Aufmerksamkeit 14, 15, 39, 43, 46, 47, 58, 64, 76, 81, 87, 88, 114, 120, 132, 134, 142, 158, 164, 166, 175, 179, 181, 194, 196, 200, 202, 207
Augen 8, 13, 18, 19, 38, 43, 45, 47, 48, 51, 58, 59, 63, 67, 68, 70, 71, 77, 80, 87, 88, 97, 101, 107, 118, 120, 123, 127, 128, 131, 136, 138, 139, 175, 176, 179, 181, 190, 191, 195, 197-199, 203, 204
Aus dem Herzen leben 22, 24, 30, 209

B
Babaji 12, 41, 61, 71, 73, 131, 199, 212, 214
bedingungslose Liebe 6, 26, 97, 110, 111, 113, 114, 129, 189, 193, 194, 215
Bedürfnis 50, 152, 154
Beethoven 66
Begegnung 5, 11, 35, 38, 41, 42, 46, 50, 52, 56-58, 83, 113, 116, 121, 193
Beobachter 5, 15, 38, 43, 46-48, 70, 81, 82, 91, 104, 124, 132, 136, 166, 184, 199, 200
Bewegung 5, 14, 15, 17, 20-23, 25, 26, 30, 32, 36, 38, 44, 45, 50, 52, 69, 71, 76, 88, 100, 106, 108, 109, 115, 122, 124, 125, 127, 128, 132, 135, 136, 165, 167, 169, 172-174, 177, 179, 191, 194, 197, 198, 200
Bewusstsein 14-17, 20, 28, 29, 30, 38, 42-49, 52, 54, 60, 85, 87, 94, 97, 100, 101, 103, 108, 117, 140, 142, 143, 149, 164, 165, 168, 170, 181, 190, 192, 205, 206, 210, 211
Bewusstseinsebene 20, 94, 108, 130, 140, 141, 143, 187, 206
Bewusstseinszustand 17, 19, 20, 48, 141, 167, 168
Bhagavad Gita 61

Bibel 18, 61
Bienen 89
Bildsprache 100, 191, 212
Blockade 60, 157
Botschaften 126, 148, 156, 214
Brahmaputra 61
Brahminen 121-123
Brustkorb 36, 68, 76, 92, 101, 110, 120, 126, 158, 176, 179, 158, 192, 195, 207
Buddha 41, 61, 75, 91, 183
Buddhanusmurti 61
Byzanz 80, 92

C

Castaneda, Carlos 55
Chakren 5, 6, 22, 26, 29, 64, 73, 109-111, 113, 114, 132, 162, 175, 193, 194, 200
Chants 84, 94
Chaos 44, 155
Charisma 44
Childre, Doc 147
Christodoulidi, Agathi 150, 158
Christus 40, 83, 92, 185
Chuc Pech, Pedro Pablo 117, 119
Copou-Hügel 67

D

Dalai Lama 214
Daliten 121, 123
Dankbarkeit 54, 127, 135, 154, 155
Daodejing 61
Demut 84, 86
Der Pilger setzt seinen Weg fort 82
Der Weg eines Pilgers 82
Derwische 78, 104-108
Dhargey, Tenzin 99, 100, 110, 140, 143, 191, 205
Dhulikhel 6, 121, 123-125
Die Blume des Lebens 30, 209
Die Schlüssel des Enoch 56
Dimensionen 30, 52, 53, 62, 127
Dojo 136
Dorje, Karma 99, 100, 110, 140, 142, 191, 205
Dreifaltigkeit 17, 97, 167, 168, 189
Drittes Auge 6, 108, 113, 125, 163, 197, 198
Dualität 5, 44, 45, 65
Dunkelheit 83, 87, 125, 127, 146, 181, 197

E

Ego 7, 38, 41, 42, 44, 47, 49, 50, 85, 139, 143, 204, 206
Ein Kurs in Wundern 56
Einheit 12, 14-16, 28, 48, 54, 59, 95-97, 104, 164-166, 187, 189, 190
Einheitsatem 5, 11, 14, 17, 19, 20, 160, 164, 168
Einsichten 143, 205
Einsiedler 39, 82, 85
Ekstase 95-97, 104, 106, 107, 188-190
El Morya 61
Elektronen 108
Elemente 45, 64, 175
Emotionen 5, 29, 61, 95, 108, 110, 111, 113, 114, 148, 150, 152, 154, 155, 187, 188, 193, 194, 211
Energie 5, 13, 22, 29, 36, 38, 40, 41, 45-47, 51, 52, 57, 60, 62, 63, 65, 69, 71, 73, 76, 110-113, 120, 123, 125-131, 135, 136, 139, 143, 148, 152, 155, 157, 161, 175, 177, 193, 196-199, 204, 206, 211
Entscheidung 7, 8, 14, 64, 93, 148, 151, 154-156, 164
Erde 11, 14-17, 39, 48, 51, 54, 60, 63, 64, 108, 115-118, 120, 121, 127, 129, 130, 138, 144, 146, 148, 149, 164-167, 175, 195, 196
Erdmethode 6, 118, 162, 195
Erfahrung 8, 11, 17, 19, 28, 43, 48, 52, 54, 73, 76, 78, 81, 82, 87, 89, 94, 96, 99, 113, 117, 131, 146, 151, 155, 156, 167, 168, 178, 180, 189, 193, 211
Erinnerungen 8, 18, 40, 46, 49, 63, 70, 96, 97, 111, 120, 139, 140, 150, 158, 189, 190, 196, 204, 207, 210, 211, 214
Erkenntnis 38, 43, 44, 50, 63, 68, 80, 87, 143, 148, 150, 155, 176, 181, 205
Erkrankung 57, 60, 61, 111
Erleuchtung 39, 42, 84, 106, 117, 210, 214, 215
Evangelium 83
Existenz 65, 93, 105, 108

217

F

Fähigkeiten 8, 36, 39, 42, 44, 50, 59, 61, 65, 93, 143, 152, 155, 157, 206, 211
Farben 67-69, 126, 177
Fasten 39, 86
Feuer 60, 64, 104, 175
Flamme der Liebe 6, 103, 104
Freude 8, 46, 86, 87, 90, 92, 105, 181, 183-185
Freund 38, 46, 56-58, 74, 85, 95, 105, 106, 136, 188
Frieden 38, 42, 43, 45, 47, 68, 85, 89, 92, 93, 95, 115, 133, 134, 136, 138, 139, 148, 152, 154, 156, 157, 176, 184-186, 188, 201, 202, 204, 211, 213
Frustration 154, 157

G

GCI 148, 149
Gebet 5, 8, 35, 56, 60, 61, 73, 76, 78, 80-83, 85, 86, 92-97, 104, 162, 178, 180, 184-189
Geburt 18, 45, 168, 214
Gedanken 5, 14, 19, 38-41, 43, 44, 46, 48, 49, 54, 57, 58, 65-68, 76, 81, 84, 85, 87-92, 113, 120, 127, 139, 151, 153, 157, 164, 176, 181-185, 193, 194, 196, 197, 203, 204
Gefühl 19, 42, 48, 49, 52, 59, 68, 76, 80, 104, 109, 113, 125, 127, 132, 136, 152, 153, 157, 176, 177, 179, 193, 201
Geheimnis 64, 80, 83, 105, 118, 121, 122, 150, 195
Gehirn 7, 20-22, 25, 26, 28, 29, 39, 50, 57, 63, 73, 92, 93, 100-102, 109, 111, 113, 126, 128, 131, 132, 149-152, 154-157, 172, 174, 184, 191, 192, 194, 198-200
Geist 8, 11, 12, 14, 18, 21, 22, 40-42, 49, 52, 56, 67, 69, 73, 85, 87, 88, 97, 108, 109, 113, 127, 129, 134, 137, 148, 164, 168, 177, 180, 190, 193, 202
Gemüse 37
Gesundheit 18, 37, 46, 62, 115, 137, 138, 148, 149, 152, 156, 168, 211, 214
Glauben 38, 46, 66, 82, 86, 105, 180

Gleichgewicht 18, 42, 61, 99, 111, 116, 118, 130, 136, 152, 157
Globale Kohärenz-Initiative 148
Glück 19, 24, 28, 59, 67, 92, 93, 133, 134, 139, 151, 154, 156-158, 184, 186, 201, 202, 204, 207, 211
Göttliche Mutter 15, 116, 166
Göttlicher Vater 16, 116, 166, 167
Göttliches 14, 26, 54, 65, 67, 73, 76, 77, 83, 86, 89, 96-98, 106, 111, 116, 139, 164, 179, 189, 190, 204
Gott 11, 14, 17-20, 39, 41, 42, 47, 52, 53, 56, 63, 67, 79-84, 88, 89, 91, 92, 96, 106, 127, 144, 164, 167, 168, 182-185, 189, 190, 209
Gottesversenkung 81, 84
Grenzen 44, 52, 126, 127
Griechenland 41
Große Weiße Bruderschaft 61, 105

H

Hanavah 105
Harmonie 42, 43, 48, 92, 102, 108, 116, 148, 152, 154, 156, 157, 184
Hatha Yoga 50, 76, 88
HearthMath Institute 6, 29, 32, 147, 148, 150-153, 155, 157, 158, 163, 214
Heilige Ehe 18, 97, 168, 189, 190
Heilmethoden 111, 151
Heilung 56, 59, 60
Herz 5-8, 14, 15, 17, 18, 20-32, 36, 39, 40, 52, 54-56, 59, 62-68, 70, 73, 76-80, 83, 85-102, 104, 107, 109-111, 113, 114, 118, 120, 124-132, 134, 136, 138, 139, 140, 142, 143, 147-158, 160-165, 168-170, 173, 174, 176-185, 187-199, 201-207, 209-215
Herzchakra 22, 26, 29, 73, 110, 113, 114, 193, 194
Herzensgebet 73, 78, 80-83, 85, 86, 93, 180
Herzensmenschen 42
Herzintelligenz 147
Herzkammern 5, 11, 18, 20, 23-32, 129, 160, 169, 170, 172-174, 215
Herzmetaphorik 99, 100, 102, 162, 191
Herzrhythmus 155
Herzschlag 68, 80, 88, 89, 120, 128, 132-134, 176, 177, 195, 198, 201, 202

Himalaya 6, 7, 89, 91, 116, 121, 125, 127, 131, 147, 183, 197
Himmel 15, 16, 51, 68, 83, 115, 117, 132, 146, 166, 167, 176, 200
Himmelskörper 115, 117
HIV 57
Höheres Selbst 60, 63, 114, 116, 194
Höhlen 76, 125-127
Hopi 16, 116, 167
Hormone 152

I

I Ging 61
Ida 71
Indien 5, 7, 11, 14, 61, 70, 73, 80, 93, 164, 186
Indigene 11, 16, 118, 166
Informationen 35, 60, 61, 99, 116, 117, 150, 151, 155, 158, 211, 215
Informationssysteme 30
Inkarnation des Wissens 5, 55, 59
Inneres Wissen 5, 47, 49, 50, 143, 156, 205
Instrument 148
Intelligenz 53, 108, 147, 151, 155, 156
Intention 6, 26, 81, 91, 131, 142, 143, 163, 174, 184, 199, 205, 206
Interviews 37, 150, 215
Intuition 5, 26, 40, 55, 62, 67, 113, 125, 126, 129, 130, 143, 151, 152, 157, 160, 161, 174, 176, 193, 205
Iran 80, 103
Islam 79

J

Japa 73
Jasmin 125
Jekyll Island 11
Jesaja 39
Jesus 5, 12, 25, 41, 43, 61, 83, 88, 92, 160, 172, 185
Jesusgebet 83, 92, 185

K

Kalender 115, 117
Kampfkunst 55, 135-138, 213
Kanada 43, 47
Kathmandutal 121, 123
Khechari Mudra 51, 71, 73-76, 178
Kinder 15, 16, 45, 65, 70, 101, 136, 165, 167, 191, 210, 214

Kindheit 38, 74
Knochen 36
Körper 5, 15, 20-22, 25, 28-31, 35-37, 39, 42, 50-52, 54, 60, 61, 63, 76, 77, 80, 84, 96, 97, 101, 106, 108, 110, 111, 120, 125-128, 131, 132, 135, 141-143, 150, 151, 154-156, 165, 172, 179, 189, 196, 198, 201, 206, 211
Körperhaltungen 50, 63, 101, 131, 175, 191, 199
Kogi 5, 23, 116, 118, 160, 169
Kohärenz 148, 149, 152, 154, 156, 157
Kolumbien 23, 116, 118, 169
Konferenzen 37, 56, 62
Konflikt 42, 59, 85, 101, 113
Konfuzius 61
Kontrolle 40, 41, 47, 84
Konzentration 7, 12, 39, 57, 68, 73, 87, 89, 90, 92, 132, 134, 142, 143, 152, 155, 157, 158, 162, 176, 177, 181, 182, 184, 185, 200-202, 205-207, 210
Kopet-Dag-Gebirge 103
Koran 61
Kosmos 16, 17, 52, 55, 68, 76, 108, 116, 117, 120, 138, 144, 167, 177, 178, 196
Krebs 57
Krishna 12, 73
Krishnamurti 55
Kriya Yoga 11, 51, 55, 71-73, 76, 78-80, 93, 178, 186, 212, 214
Kulturen 103, 116, 117, 151
Kundalini 71, 76, 109
Kuthumi 61

L

Lady Ana 5, 55-57, 59-69, 176, 177
Laotse 61
Leben 7, 8, 14, 16-18, 23, 30, 35, 37-41, 43, 45, 48, 57, 58, 60-62, 80, 81, 83, 97-100, 102-104, 113, 115-117, 123, 125, 129, 130, 135, 138, 139, 146-148, 151, 152, 154, 156, 157, 165-169, 189, 190, 193, 203, 204, 209-211, 213-215
Lebensaufgabe 18, 41
Lebenskraft 47, 71, 110, 111, 125, 130, 157
Lebensmittel 37

Lebensweise 7, 37, 39, 42, 46, 116,
 130, 138, 148, 151, 152, 157, 214
Lebewesen 18, 30
Leber 37, 136
Lehrmeister 8, 67
Leichtigkeit 17, 20, 36, 37, 50, 65, 81,
 88, 89, 92, 100, 102, 111, 114,
 118, 127-129, 134, 138, 141, 151,
 155, 158, 168, 182, 186, 191, 194,
 195, 197, 198, 202-204, 207
Leidenschaften 5, 84, 85, 95, 129, 188
Leonardo-Sphäre 112
Leukämie 57
Licht der Vernunft 42, 83, 102, 123
Licht im Inneren 87, 89, 93, 96, 102,
 104, 120, 127, 133, 134, 181, 186,
 188, 192, 196, 197, 201, 202
Lichtenergie 22, 69, 76, 93, 96, 102,
 104, 120, 127, 177-179, 192, 196,
 197
Lichtfunken 52, 53, 68, 76, 107, 126,
 177, 179
Lichtjahre 52
Lichtkörper 15, 165, 209
Lichtschwert 40
Lichtwesen 60
Liebe 5, 6, 11, 14-17, 19, 26, 29, 38,
 41, 48, 60, 80, 81, 86, 92, 93, 97,
 101-104, 110, 111, 113, 114, 116,
 120, 124, 125, 127, 129, 133-136,
 152, 154, 155, 158, 165-167, 185,
 186, 189, 192-196, 201, 202, 207,
 213, 215
Lindenbaum 67, 68
Lösung 40, 41, 113, 148, 151, 154,
 157, 194
Lotsen 63, 146
Lotus 51, 70, 88, 122, 126

M
Männlichkeit 20, 21, 24, 31, 61, 71,
 129-131, 199
Magen 37
Magnetfeld 24, 29, 68, 71, 76, 125,
 148, 149, 151, 153, 155, 170, 177,
 179
Malerei 66, 67
Maharshi, Lahiri 12, 73, 74, 76, 87,
 93, 178, 180, 186, 214
Mantras 39, 73, 93, 95, 96, 133, 134,
 186, 188, 201, 202
Materie 52, 85

Mayas 116, 117, 119
Mechanismus 39, 44, 46
Meditation 5, 6, 11, 12, 17-20, 22,
 24, 35-37, 39-41, 43, 48-52, 55,
 56, 62-65, 88, 94, 95, 99, 104,
 106, 118, 127, 131, 134, 136, 138,
 139, 141, 159-164, 167-170, 172,
 174-176, 178, 180, 182, 185, 187,
 188, 191, 193, 195, 197, 199,
 202-205, 207, 212-215
Meister 6, 8, 36, 37, 39, 41-43, 47,
 55-57, 59, 61-63, 65, 67, 76, 79,
 81, 82, 85, 87, 89, 91-93, 99, 100,
 103, 104, 106, 110, 111, 113, 121,
 126, 127, 131, 134-138, 140-143,
 178, 180-183, 185, 186, 191, 193,
 199, 202, 205, 206, 209, 212-215
Melchizedek, Claudette 21
Melchizedek, Drunvalo 2, 5, 8, 9, 61,
 145, 146, 209, 214, 215
Melchizedeks 5, 144, 146
Menschen 7, 16-18, 21-23, 30, 37,
 38, 41, 43, 44, 48, 49, 54, 56-63,
 65, 80, 83, 84, 99, 100, 102, 104,
 110, 113, 116, 117, 123, 125, 131,
 138, 141, 147-151, 154-158, 167,
 168, 192, 193, 207, 209-213
Menschheit 7, 38, 71, 103, 108, 118,
 144, 148, 149, 157, 214
menschlich 28, 29, 54, 69, 73, 108,
 111, 129, 144, 177, 209-211
Mentor 11, 20, 214
Meridian 36, 60
Merkaba 22, 29, 112, 209
Metall 52, 64, 175
Metatron 5, 30
Methoden 5-8, 17, 23-27, 36, 39, 43,
 45-47, 50, 56, 60, 66, 67, 71, 73,
 76, 78, 79, 82, 84, 86, 88, 89,
 91-94, 100-102, 110, 111, 114,
 118, 129-131, 137, 141-143, 150,
 151, 160-162, 167, 169, 170, 172,
 174, 178, 180, 182, 183, 185-187,
 191, 192, 194, 195, 199, 205, 206
Mevlevi-Orden 105, 107, 108
Mikrokosmos 108
Milchstraße 15, 166
Mitel, Daniel 2, 5, 8, 32, 62, 63, 131,
 136, 137, 145, 212, 215
Mönche 6, 80, 82, 83, 89, 90, 161,
 182
Mohammed 61

Mond 15, 166
Moses 61
Mozart 66
multidimensional 62
Musik 66, 68, 106
Muskeln 36, 50, 136
Mutter Erde 11, 15, 17, 54, 63,
  115-118, 120, 122, 127, 129, 130,
  138, 165, 167, 195, 196
Mutters Agenda 56
Mystiker 5, 6, 39, 41-43, 47, 78,
  80-82, 84-87, 89-95, 97, 104, 142,
  146, 181, 182, 184, 187-190, 205

N
Nagual 61
Nahrung 23, 36, 37, 61, 86, 98, 107,
  169, 190
Nasenhöhle 75
Natur 6, 7, 14, 15, 18, 36, 37, 51, 54,
  57, 58, 64-67, 91, 94, 96, 101,
  109, 113, 114, 116-118, 120, 130,
  158, 162, 165, 175, 183, 187, 188,
  191, 193-196, 207
Nepal 121
Nervensystem 149, 152, 154, 155,
  157
Neurotransmitter 152
Neuseeland 115, 116
Nikephoros 6, 82, 89-92, 161, 162,
  182, 183, 185
Nirwana 42, 43

O
Offenbarung 43, 83, 102, 140
Oktaeder 30
Oktave 32
Osho 55, 214

P
Paradox 6, 129, 130
Patanjali 61
Pforte der Energie 38
Philokalie 56, 80-82, 84
Pingala 71
Planet 7, 15, 61, 103, 107, 115, 117,
  118, 144, 146, 166, 211
Platonische Körper 30
Polarisierung 28, 29, 102, 192
Prana 5, 73, 111, 161, 178
Pranaröhre 110-112, 114

Pricop, Ana 55, 214
Push-ups 36

Q
Qigong 35, 111
Quchan 103, 105
Quelle 8, 24, 31, 67, 89, 102, 124,
  170, 192
Quellwasser 36, 104, 118, 124, 125,
  195

R
Ramtha 61
Reinigung 5, 50, 60, 70, 73, 91, 104,
  111, 113, 183, 193
Reinkarnation 129
Reisen 7, 8, 37, 39, 43, 51, 52, 69, 73,
  77, 88, 91, 104, 107, 111, 125,
  127, 129, 147, 177, 179, 183, 209,
  214
Relativität 49
Resilienz 148, 154
Resonanz 148, 149
Reyna, Jimmy 11
Rhythmus 51, 76, 106, 108, 118, 127,
  131, 155, 158, 178, 195, 197, 199,
  207
Ritual 104, 105, 118
Röhre 24, 25, 110-112, 114, 170, 173
Rosmarin 125
Rückbesinnung 95-97, 187, 188, 190
Rumi 40, 41, 55, 107

S
Sama 104, 106-108
Satellit 115
Satyananda 73
Schlaf 28, 43, 91, 100, 139, 141, 183,
  204
Schlüssel 43, 56, 91, 184
Schmerzen 47, 60, 61, 97, 190
Schönheit 5, 14, 38, 42, 51, 58, 69,
  80, 81, 102, 121, 129, 158, 164,
  165, 177, 207
Schöpfer 30, 55
Schöpfung 15, 16, 30, 31, 166
Schüler 13, 46, 56, 71, 73, 75, 83, 91,
  93, 113, 136, 138, 164, 183, 186,
  214
Schutz 69, 76, 85, 116, 117, 120,
  130, 177, 179, 196
Schweigen 42, 47, 58, 69, 84, 116, 177

Schwingungen 20, 27, 32, 36, 37, 47, 63, 68, 76, 77, 87, 89, 96, 120, 148, 149, 176-180, 182, 188, 196, 211
Seele 5, 35, 68, 82, 87, 90, 92, 96-98, 107, 108, 127, 133, 176, 181, 183, 184, 189, 190, 201, 211
Selbstbewusstsein 85
Selbsterkenntnis 49, 137
Selbstwertgefühl 49
Seminare 36, 37, 43, 131, 150, 212, 214, 215
Shavasana 50
Simeon 6, 82, 84, 86-88, 161, 180
Sinai 82, 84, 85
Smoothie 37
Sonne 15, 16, 51, 64, 70, 102, 104, 107, 116-118, 122, 166, 175, 192
Sonneneruptionen 117
Sonnenherz 11
Sonnensystem 77, 115, 117, 179
Sphäre 53, 111-113
Spiritualität 7, 8, 11-13, 38, 39, 41, 42, 44, 47, 55-57, 61-65, 73, 76, 78, 80, 81, 83, 84, 86, 87, 89, 91, 99, 104, 111, 118, 130, 136, 146, 178, 180, 182, 184, 209, 211-215
St. Germain 61
Sterne 16, 64, 68, 77, 126, 166, 175, 177, 179
Stille 19, 36, 40, 45, 47, 48, 50, 58, 95, 96, 138, 187, 189, 203
Stress 111, 148, 151, 157
Strudel 25, 45, 127, 172
Sufis 41, 78, 80, 104, 105-107
Sushuma 71
Syrien 41

T
Tai Chi 35, 50, 111, 136, 137, 213, 215
Tamangen 121, 123
Tanz 6, 23, 104, 105-109, 125, 136, 169
Teheran 103
Teilnehmer 19, 36, 94, 131, 138, 187
Teleskop 115
Teresa von Ávila 5, 6, 78, 94, 95, 162, 187
Thailand 76
Theologen 6, 82, 85-87, 94, 161, 180
Thoth 131, 199

Tibet 7, 35, 36, 41, 63, 76, 89, 91, 93, 103, 110, 111, 116, 121, 133, 140, 147, 183, 186, 201, 212, 214
Tiere 14, 116, 130, 158, 165, 207
Tod 18, 57, 168
Tora 61
Torus 5, 24, 30, 32, 160, 170
Tradition 11, 25, 75, 80, 94, 151, 156, 172
Träumen 5, 6, 28, 29, 48, 91, 96, 100, 106, 139-143, 163, 183, 188, 204-206, 212
Training 50, 135, 136
Trance 96, 97, 106, 188, 190
Trauma 61, 111, 113, 193
Traumbilder 63, 99, 102, 111, 140, 212, 214, 215
Traumzustand 140, 141, 143, 206
Trommeln 106
Tugenden 5, 81, 84-86
Turkmenistan 103

U
Übungen 8, 18, 22, 35, 37, 39, 42, 46, 47, 50, 55, 61, 65, 71, 73, 76, 81, 82, 84, 87-93, 99-102, 111, 118, 130, 134-136, 138, 139, 142, 143, 150, 157, 158, 178, 180, 182-185, 191, 192, 202, 204-207, 211, 214, 215
Umkehrung 5, 64, 65, 213
unbewusst 44
Unendlichkeit 16, 17, 21, 52, 54, 65, 77, 97, 107, 108, 127, 129, 167, 179, 190
Universität 38, 67, 146
Universum 25, 27, 30, 31, 50, 52-54, 59, 63-65, 69, 76, 102, 107, 116, 117, 126-128, 138, 146, 173, 175, 177, 179, 198, 211
Unschuld 64, 65, 77, 179
Upanishaden 61
Urantia Buch 55
Ureinwohner 6, 18, 23, 115-118, 168, 169, 195
Ursprung 11, 17, 20, 53, 54, 81-83, 94, 167, 212
Ursprungsenergie 5, 62, 76, 161, 175

V
Vater Himmel 11, 15, 166

Veränderung 13, 36, 37, 48, 52, 57, 83, 91, 132, 135, 141, 148, 154, 184, 199, 213
Vereinigung 12, 16, 42, 56, 57, 79, 82, 90, 92, 95-97, 108, 116, 127, 167, 183, 184, 188, 189, 209
Verstand 38, 40-42, 44, 46, 47, 49, 58, 59, 65, 84, 92, 100, 108, 139, 142, 143, 151, 155, 186, 204-206
Vivekananda 121
Vorstellung 16, 20, 21, 27, 30, 46, 49, 55, 60, 89, 96, 101, 151, 156-158, 166, 189, 192, 207
Vortrag 13, 145

W
Wahrheit 17, 49, 53, 59, 60, 63, 65, 82, 83, 97, 111, 138, 150, 190
Wahrnehmung 17, 37, 42-45, 48, 49, 52, 54, 67-69, 80, 87, 88, 96, 102, 108, 121, 127, 132, 141-143, 150, 152, 155, 167, 168, 177, 181, 188, 189, 196, 201, 206, 211
Waitaha 116
Wasser 6, 14, 23, 35, 36, 64, 104, 118, 122-125, 128, 165, 169, 175, 195, 198
Weg reiner Liebe 110
Weiblichkeit 5, 20, 21, 26, 27, 31, 61-63, 71, 129-131, 160, 174, 199
Weisheit 6, 115-117, 131, 151, 199
Wellen 69, 118, 120, 126, 152, 177, 195, 196
Welten 8, 11, 13, 14, 17, 18, 25, 29, 30, 37, 43-45, 48, 49, 51-53, 55, 59, 60, 62, 81, 85, 88, 89, 99-102, 104, 105, 108, 116, 117, 127, 130, 131, 136-138, 141, 143, 146-150, 155, 157, 164, 168, 172, 182, 192, 206, 209, 212-215
Wertschätzung 154, 155
Wiederanbindung 5, 62, 63, 161, 175
Wiedergeburt 43, 111
Willenskraft 40, 42
Winter 47
Wirbelsäule 36, 50, 71, 109
Wirklichkeit 8, 38, 49, 126, 134, 136, 142, 143, 202, 206
Wissen 61, 64, 83, 99, 115-118, 131, 143, 148, 155, 199
Wissen des Herzens 142, 143, 205

Wissenschaft 93, 147, 148, 151, 155, 156, 213
Workshops 21, 36, 62, 102, 111, 131, 145, 156, 212-215
Würfel 5, 30
Wunsch 21, 27, 38, 45, 46, 82, 97, 136, 152, 189
Wurzeln 64, 175

Y
Yang 50, 71
Yin 71
Yoga 11, 50, 51, 55, 71, 72, 75, 76, 88, 178, 212
Yogananda 12, 13, 41, 55, 61, 73, 121, 164, 214
Yogis 6, 50, 121
Yucatán 116, 117, 119
Yukteswar 12-14, 16-19, 73, 164, 166-168, 214

Z
Zeit 7, 19, 20, 39, 40, 42, 53, 55, 68, 70, 73, 76, 77, 80, 82, 88, 92, 95, 115, 124, 125, 127, 129, 134, 139, 140, 146, 148, 151, 177, 170, 185, 188, 202, 204, 211
Zeit und Raum 42, 53, 68, 77, 127, 177, 179
Zeitalter 83, 130, 144, 209
Zeiten 15, 36, 78, 91, 144, 152, 157, 165, 183, 209
Zeitreise 104
Zen Koan 137
Zentralsonne 16, 167
Zeremonie 11, 18, 168
Zirbeldrüse 22, 50, 108, 109, 111, 132, 194, 200
Zitronenbaum 51-53
Zohar 61
Zoroaster 104
Zugänge 5, 6, 8, 11, 18, 20, 23, 25, 26, 36, 38, 42, 49, 52, 56, 63, 65-67, 73, 76, 86, 89, 92, 94, 100-102, 107, 109, 110, 113, 118, 125, 129, 131, 138, 142, 160-163, 169, 172, 176, 178, 180, 182, 187, 191-193, 195, 197, 199, 203, 205
Zyklen 17, 18, 117, 129, 168, 209
Zypern 41, 51

Gregg Braden
MENSCH:GEMACHT
Von der gelenkten Evolution zur bewussten Transformation
352 Seiten, gebunden, oranges Leseband
€ [D] 24,99 / € [A] 25,70 • ISBN 978-3-95447-337-3

Neueste Forschungen zeigen: Der Mensch trat vor 200.000 Jahren plötzlich ins Sein, mit allem ausgestattet – durch eine Verschmelzung von Genen, die bewusst herbeigeführt wurde. Und von Anfang an zeichnete er sich durch Fähigkeiten aus, die uns übernatürlich machen. Bradens neues Buch überwindet die Grenzen zwischen Wissenschaft und Spiritualität.

DER SPIEGEL-Bestseller!

Eva Marquez
DNA-Aktivierung durch die kosmische Familie
Kontakte mit den Plejaden, Sirius, Andromeda, Centaurus, Epsilon Eridani und Lyra
208 Seiten, gebunden, oranges Leseband
€ [D] 19,99 / € [A] 20,60 • ISBN 978-3-95447-335-9

Erfahre mehr über die Sternenvölker der Menschheitsfamilie und trete mit ihnen in Verbindung. Wenn sie deine ursprünglichen Vorfahren sind, steigen beim Lesen vielleicht Erinnerungen in dir auf, und deine schlafende DNA wird aktiviert. Du wirst auf die Energie eingestimmt, die dir im jetzigen Leben am meisten weiterhilft.

»Eva zeigt, was alle Sternenvölker verbindet: kosmische Liebe und diese wundervolle Lichtfrequenz.« – Pavlina Klemm

Klangheilungs-CDs
von Michael Reimann

Zirbel Düsen Aktivierung [Binauraler Beat]
Öffnung des Dritten Auges und Stärkung des Lichtkörpers
79 Min.; € [D/A] 19,95 • ISBN 978-3-95447-220-8

Herzkohärenz aufbauen [432 Hertz]
Mentale Leistungsfähigkeit und körpereigene Regeneration
75 Min.; € [D/A] 19,95 • ISBN 978-3-95447-295-6

DNA-Aktivierung [528 Hertz]
Heilung der Zellen durch die Liebesfrequenz – Meditationsanleitung von Jeanne Ruland im Booklet!
80 Min.; € [D/A] 19,99 • ISBN 978-3-95447-347-2

Bekannt als Multi-Instrumentalist, arbeitete Michael Reimann u.a. mit Joachim-Ernst Berendt und Christian Bollmann zusammen. Studienreisen führten ihn nach Bali, Indien und Japan. Seine Aufnahmen sind reiner musikalischer Klang.

Buchauszüge, Hörproben und Gratis-CD auf www.AmraVerlag.de